les grands classiques nathan

Guy de Maupassant

CONTES ET NOUVELLES

- une *biographie*

- une *histoire* de l'œuvre

- une *chronologie* des œuvres de l'auteur

- une *analyse* méthodique de l'œuvre

- une *présentation* des personnages

- des *notes explicatives* des termes et des tournures grammaticales particulières

- des *questions de compréhension* au fil du texte

- des *questions de synthèse*, en fin de page, de partie

- des *lectures à thème* avec des sujets de travaux à faire seul ou en groupe

- des *fiches thématiques*, des *pistes d'étude*, et une *bibliographie* commentée

préparés par
VÉRONIQUE BABIN
Professeur de Lettres

BIOGRAPHIE

Nadar, portrait de Maupassant.

Henry-René-Albert-Guy de Maupassant naît le 5 août 1850 à Fécamp, ou au châ- teau de Miromesnil, près de Dieppe. Peu après la naissance de son frère Hervé, en 1856, ses parents, Gustave et Laure de Maupassant, se séparent. Laure emmène ses deux fils et se retire aux Verguies, sa villa d'Étretat. Guy y vivra une enfance extrêmement libre, sa mère se chargeant de son instruction jusqu'en 1863, date à laquelle il sera envoyé au petit séminaire d'Yvetot.

Brève chronologie de la vie de Maupassant

Les parents de Maupassant

Gustave de Maupassant épouse Laure Le Poittevin le 9 novembre 1846. Laure Le Poittevin n'est autre que la sœur d'Alfred Le Poittevin, le fidèle ami poète de Gus- tave Flaubert. Cette femme de 25 ans, intelligente et culti- vée, passionnée de littérature, aimant écrire, souffrira dès les premières années de son mariage de la rudesse de son mari, personnage plutôt paresseux qui se plaît en compa- gnie des paysans normands. De plus, Gustave de Maupas- sant, à la lointaine ascendance créole, est bel homme et volage. Si sa femme ne tolère pas longtemps ses infidéli- tés, Guy gardera cependant des marques de cette époque et témoignera toujours dans son œuvre d'une tendresse toute particulière pour les enfants victimes d'une désunion.

L'enfance et l'adolescence de Maupassant

Guy vit de 1856 à 1863 une enfance heureuse, épanouie, auprès de sa mère, à Étretat. Son départ pour la pension du petit séminaire d'Yvetot est une grande souffrance. Arraché au milieu qu'il aime, privé de sa chère liberté, isolé, Mau- passant se rebelle alors contre l'autorité religieuse.

Le lycée de Rouen l'accueille à la rentrée suivante. Il y reste jusqu'en 1869 et étudie la philosophie. Le jeune homme de 17 ans a la chance, durant cette période, d'être fréquemment en relation avec Gustave Flaubert, qui par amitié pour Laure, devient son correspondant. C'est ainsi que Guy, initié aux activités littéraires, en vient à décider, en 1869, au moment où il entre à la faculté de Caen, qu'il sera écrivain.

La guerre

Conscient du fait que le métier d'écrivain n'est pas ren- table à ses débuts, Maupassant entame une licence de droit. Mais il n'aura pas le temps de la terminer, la guerre franco-allemande de 1870 venant à éclater. Guy est appelé, à 20 ans, et part combattre les « Prussiens ». Il évitera le pire, grâce à son père intervenu en sa faveur et sera libéré en 1871. Cette guerre, ses honneurs, ses humiliations, sa misère, seront cependant source d'inspiration pour l'écri- vain soucieux de transcrire les réalités de son époque.

Les débuts

Maupassant obtient, toujours grâce à son père, un poste au ministère de la Marine. Après avoir été au contact des paysans et des soldats, il rencontre alors les employés médiocres, ennuyeux, mesquins et ambitieux dont il fera souvent la caricature dans ses nouvelles.

Même si, en 1879, il change de ministère (il passe du ministère de la Marine à celui de l'Instruction publique),

Maupassant s'ennuie dans ce travail. Il dépense sa formi- dable énergie en faisant du canotage sur la Seine et passe le reste de ses loisirs dans les guinguettes avec ses amis. Il écrit déjà depuis plusieurs années (sous la houlette de Flau- bert), quand en 1875, le premier conte paraît : il s'agit de *La Main d'écorché*.

C'est à cette époque que se forme le groupe de Médan le groupe de jeunes écrivains qui élaborera le Naturalisme. Maupassant participe avec Flaubert aux réunions littérai- res organisées chez Zola et rencontre les frères Goncourt, Huysmans, Mirbeau, Daudet, Tourgueniev...

Le succès

Maupassant devient un auteur à succès en 1880, lorsqu'il atteint ses trente ans. *Boule de suif*, parue dans l'ouvrage collectif *Les Soirées de Médan*, remporte un vif succès auprès du public, bien que ou peut-être parce que l'écri- vain manque d'être poursuivi en justice pour atteinte à la morale et aux mœurs !

Ce succès coïncide malheureusement avec la mort subite de Flaubert, le 8 mai 1880. Maupassant sera très éprouvé par la disparition de son ami et maître.

A partir de 1881, la presse et l'édition se disputent l'auteur qui collaborera au *Gil Blas*, au *Figaro*, à l'*Écho de Paris* et publiera le chiffre record de trente volumes en dix ans.

La maladie

Maupassant contracte très jeune une maladie mortelle à son époque, la syphilis. Les premiers troubles apparaissent dès 1875 ou 1876. Alors qu'il n'est âgé que de vingt-cinq ans, il souffre de palpitations cardiaques, d'irritations de la peau, d'insuffisance respiratoire amplifiée par le fait qu'il fume énormément. Puis, très vite, les choses s'aggravent. En 1880, ses yeux le font souffrir et il perd progressive- ment la vue de l'œil droit. De très fortes migraines le con- duisent à utiliser l'éther, produit dont il pense si l'on en croit sa correspondance, qu'il améliore de plus sa créati- vité littéraire.

La maladie malheureusement ne recule pas, malgré les cures répétées, les voyages au soleil, le repos. Maupassant est victime d'hallucinations et voit fréquemment son dou- ble. Il s'en confie à son entourage et écrit à ce propos à Paul Bourget : « Une fois sur deux, en rentrant chez moi, je vois mon double. »

Le 1er janvier 1892, Maupassant tente de se suicider en s'entaillant la gorge. Il est interné dans une clinique de Passy et meurt le 6 juillet 1893, à 43 ans.

© Éditions Nathan. Février 1990. ISBN 2.09.187833.2.

© Éditions Nathan, 2006 pour la présente édition.

HISTOIRE DE L'ŒUVRE

Une vie courte mais une œuvre imposante : 300 nouvelles et 6 romans en 10 ans

La courte mais brillante carrière littéraire de Maupassant regroupe des genres divers : romans, contes et nouvelles, récits de voyages, poèmes, pièces de théâtre et chroniques de journaux.

Maupassant conteur
Maupassant nouvelliste

Maupassant a écrit plus de trois cents contes et nouvelles, trois cent six pour être précis. Les premiers contes furent écrits *(La Main d'écorché, le Docteur Héraclius Gloss)* alors qu'il n'avait que vingt ans et précédèrent de cinq ans le succès de *Boule de suif*. Il est à noter que Maupassant a écrit la presque totalité de ses contes et nouvelles pour les journaux de l'époque. Ainsi, après avoir épuisé la richesse des thèmes de la vie rustique (paysannerie et chasse), de la vie de bureau, de la guerre, du fantastique, etc., c'est-à-dire vers 1885, ralentit-il nettement sa production pour se consacrer à ses romans.

Conte ou nouvelle ?

• LA NOUVELLE

On associe souvent le conte à la nouvelle et vice-versa. Une nouvelle est un texte bref. Elle se différencie du conte par son traitement des personnages et de l'action, traitement nettement plus lié au roman qu'à celui du conte. Il n'existe pas à proprement parler de normes. La nouvelle suppose un sujet hors du commun et un récit concentré sur l'action. Ce récit doit comporter une introduction et une conclusion se situant hors du texte principal, où l'on utilise si possible le passé pour mieux signifier la coupure.

Le genre de la nouvelle est assez tardif puisqu'il ne serait apparu dans la littérature française qu'au XVe siècle. Ce genre est particulièrement adapté au style réaliste — comme nous pouvons le constater ici avec Maupassant — puisqu'il exclut le merveilleux et le fantastique. Le terme « nouvelle » est d'ailleurs issu d'un mot italien, « novella », qui désigne un court texte en prose satirique et réaliste.

• LE CONTE

Le conte, lui, est fortement apparenté à la littérature populaire de tradition orale et à ce titre est un genre très ancien. Il se manifeste sous une multitude de formes, orales ou écrites, à travers le patrimoine culturel des peuples. Le merveilleux *(Les Mille et Une Nuits)* constitue l'une des formes les plus courantes mais il existe également des contes réalistes et des contes satiriques (ceux de Voltaire par exemple). Le conte se distingue de la nouvelle et du roman en établissant la plupart du temps un caractère non réaliste, fictionnel, imaginaire, qui est très lié à la thématique de l'évasion. Maupassant, s'il a intégré toutes ces données, n'a cependant jamais cherché à élaborer une définition précise de ses courts récits et n'a jamais, non plus, opéré de distinction particulière entre le conte et la nouvelle.

Maupassant romancier

Les six romans de Maupassant *(Une Vie, Bel-Ami, Mont-Oriol, Pierre et Jean, Fort comme la mort* et *Notre Cœur)*

témoignent tous de la grande sensibilité de l'écrivain, *Une Vie* et *Bel-Ami* étant de l'avis des spécialistes, les romans les plus représentatifs de son talent.

Maupassant, en tant que romancier réaliste, fait dans *Une Vie* l'analyse de la condition sociale, conjugale et sexuelle des femmes de son époque. Il dénonce le manque de communication et d'affection du couple qu'il décrit, il montre à quel point la soumission des femmes par rapport à leur mari les détruit psychologiquement et les condamne à être dociles.

Bel-Ami (1885) aborde un tout autre sujet en racontant l'ascension sociale d'un personnage peu scrupuleux et très arriviste, Georges Duroy.

Georges Duroy « survit » en travaillant au chemin de fer du Nord mais ce fils de cabaretiers normands rêve de réussite sociale et matérielle. C'est en rencontrant par hasard un ancien compagnon de régiment, Charles Forestier, qu'il entre dans le monde très fermé du journalisme. Il entame alors une carrière modeste mais, en homme intelligent et rusé, grimpe très vite les échelons de la réussite. Il utilise pour cela, en bel homme dénué de scrupules, les femmes des personnages haut placés qu'il fréquente, qu'il séduit et délaisse au gré de son ambition et des opportunités.

Chronologie des publications de Maupassant

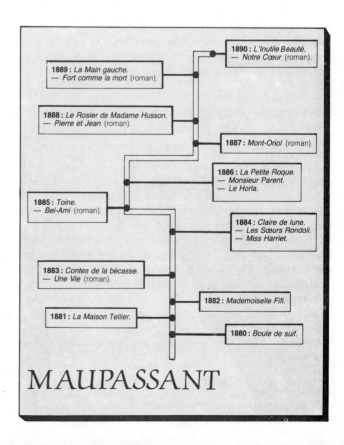

1890 : *L'Inutile Beauté.*
— *Notre Cœur* (roman).

1889 : *La Main gauche.*
— *Fort comme la mort* (roman).

1888 : *Le Rosier de Madame Husson.*
— *Pierre et Jean* (roman).

1887 : *Mont-Oriol* (roman).

1886 : *La Petite Roque.*
— *Monsieur Parent.*
— *Le Horla.*

1885 : *Toine.*
— *Bel-Ami* (roman).

1884 : *Claire de lune.*
— *Les Sœurs Rondoli.*
— *Miss Harriet.*

1883 : *Contes de la bécasse.*
— *Une Vie* (roman).

1882 : *Mademoiselle Fifi.*

1881 : *La Maison Tellier.*

1880 : *Boule de suif.*

MAUPASSANT

AU FIL DES TEXTES

La nouvelle dans tous ses états

Les nouvelles fantastiques

● *Le Horla*

Histoire d'un fantôme ou histoire d'une hallucination ? Personne ne le sait.

Le héros, dont Maupassant néglige de nous dire le nom — visiblement cela pourrait être n'importe qui, vous ou moi — se persuade lentement, au fil de sensations et d'expériences inhabituelles et troublantes, qu'un être, inconnu, invisible et inhumain, vit près de lui.

Maupassant ne prend ici aucune position et nous laisse interpréter à notre gré son histoire. Le Horla existe-t-il ?, ou bien est-il le fruit de l'imagination d'un homme qui devient fou ? A vous d'en juger !

● *La Main d'écorché*

Pierre B., jeune étudiant en droit et fils de bonne famille, fait irruption un soir dans une fête organisée par ses amis, parmi lesquels se trouve le narrateur. Quelque peu éméché, très gai, volubile, il exhibe devant les yeux ébahis, moqueurs ou dégoûtés de ses camarades une main d'écorché, une véritable main d'homme supplicié longtemps auparavant. Après avoir raconté dans quelles conditions cette relique a été acquise, il rentre chez lui, bien décidé à faire de cette acquisition un objet de provocation.

Cette nouvelle se situe d'emblée — ne serait-ce que par son titre étrange — dans le domaine du fantastique. Le malaise qu'installe Maupassant dès le début de son texte tient au fait que le personnage de Pierre est très moqueur vis-à-vis des phénomènes fantastiques auxquels il fait allusion. Son discours est si totalement critique et railleur que le lecteur ne peut que comprendre que ce dont le héros se moque tant pourrait bien se retourner contre lui...

Les nouvelles réalistes

1 — LES GENS DE LA TERRE

● *Aux champs*

Les Vallin et les Tuvache habitent la campagne. Les deux couples de paysans sont pauvres et vivent assez misérablement, peinant pour nourrir leurs huit enfants.

Maupassant nous décrit avec beaucoup de réalisme la forte natalité qui domine la vie rurale de son époque. Le problème — car c'en est un — est tel que dans le cas des Vallin et des Tuvache, les parents ont du mal à reconnaître leurs marmots quand tous les enfants jouent ensemble...

Mais cette histoire serait sans doute banale si un jour ne surgissaient Monsieur et Madame d'Hubières, couple fortuné, vivant à la ville, sans enfant et sans espoir d'en avoir... Tout le piquant est là : les personnages les plus opposés qui soient — sans pour autant perdre leur authenticité — sont amenés à se rencontrer et à conclure une « affaire » ensemble.

● *Histoire vraie*

Histoire vraie pourrait être un fait divers. *Histoire vraie* aborde un problème criant d'authenticité dramatique, injuste, un problème d'hier et un problème malheureusement encore actuel, celui des femmes enceintes abandonnées.

Monsieur de Varnetot tombe sous le charme de la jolie servante Rose qu'il échange à son ancien employeur contre une jument. La jeune servante tombe amoureuse du séduisant châtelain et cède à ses avances. Le temps s'écoule, leurs relations continuent jusqu'au jour où Rose annonce à son maître qu'elle attend un enfant...

2 — LES PARISIENS

● *La Parure*

Monsieur et madame Loisel sont des gens modestes. Cependant, si monsieur Loisel semble s'accommoder de son emploi au ministère de l'Instruction publique et de ses loisirs sans ambition, sa femme, elle, ne supporte pas cette vie monotone, sans couleur, sans goût.

Maupassant nous dépeint dans cette nouvelle la classe moyenne de la société de son époque. L'analyse qui est faite ici de la vie des petits citadins, ainsi que la critique des personnages plus fortunés et superficiels telle madame Forestier, est extrêmement pertinente.

● *Un lâche*

Le vicomte Gontran-Joseph de Signoles est un mondain. Maupassant a, du fait de sa notoriété, beaucoup fréquenté ce genre de personnages dans les salons de la haute société parisienne. L'aspect ridiculement controversé de cet homme traduit vraisemblablement le mépris qu'avait l'auteur pour ces privilégiés qu'il fréquentait surtout par nécessité.

Les nouvelles satiriques

● *La Ficelle*

Maupassant a plus d'une corde à son arc ! Sa production réaliste et fantastique ne lui suffisant pas, il donne également dans le satirique, en exagérant d'ailleurs à peine la réalité.

La Ficelle est une nouvelle étonnamment réaliste. La satire consiste ici à décrire les mentalités paysannes, les mesquineries et le manque d'humanité des ruraux à travers la mésaventure du brave maître Hauchecorne qui un beau matin ramasse un bout de ficelle abandonné sur la route. Rien ne laissant présager dans le début du texte sa fin dramatique, *La Ficelle* est une grande réussite.

● *Le Parapluie*

Elle est par opposition à *La Ficelle* une nouvelle délibérément ironique du début à la fin. Maupassant a ici aussi choisi un objet pour point de départ et trame de son histoire. La ficelle trouvée est remplacée par un parapluie — ou plutôt deux parapluies ! — troué(s). Les personnages, monsieur et madame Oreille, sont hauts en couleurs : le mari est un petit employé ministériel harcelé par ses collègues de bureau, la femme est une horrible et violente mégère, dotée de plus d'une avarice rare.

LES PERSONNAGES

Du fantôme à la mégère

Le Horla,
Imaginaire ou réalité?

Le problème du Horla se pose en effet ainsi. Est-ce un personnage réel ou une vision de l'esprit? Existe-t-il? Fait-il ce que le personnage narrateur lui attribue ou bien n'est-il qu'une hallucination répétée? De toutes les manières, le Horla est décrit comme un être invisible, venu d'ailleurs, inhumain et animé de mauvaises intentions. La description qui nous en est donnée fait intervenir les mythes les plus fantastiques et fantasmagoriques.

Le Horla par G. Lemoine pour l'édition de 1903.

Pierre B.

Pierre B. partage la vedette avec l'écorché dans *La Main d'écorché*. Jeune étudiant en droit appartenant à «une des meilleures familles de Normandie», il se défoule et s'encanaille volontiers avec ses camarades de classe. Gai, insouciant, provocateur, il ne croit absolument pas aux phénomènes surnaturels dont il fait un sujet de moquerie.

Les Vallin
Les Tuvache

Les Vallin et les Tuvache sont les deux familles de paysans de *Aux champs*. Indissociables parce que très semblables dans leur mode de vie et leur mentalité, ils symbolisent la misère rurale.

Monsieur et madame Loisel

Monsieur et madame Loisel sont les deux principaux personnages de *La Parure*. Ils représentent la classe moyenne, ses grands rêves, ses petits moyens et ses petits horizons.

Rose
Monsieur de Varnetot

Rose est la jeune servante d'*Histoire vraie*. Innocente et jolie, elle cède aux avances de son maître, monsieur de Varnetot, jeune rentier sans scrupules, et tombe éperdument amoureuse de lui.

Madame Oreille

Madame Oreille est l'épouse d'un pauvre employé ministériel brimé par ses collègues. Elle est coléreuse, insolente et agressive avec son mari qui supporte tant bien que mal ses sautes d'humeur. Mais son suprême défaut est l'avarice : elle fustige son mari parce qu'il lui a imposé une petite dépense et l'oblige à accomplir son ingrat travail alors que leurs rentes lui permettraient de ne pas le faire.

Monsieur et Madame Loisel par Steinlen, pour la couverture de Gil Blas *du 8 octobre 1893.*

Le beau Signoles

Le vicomte Gontran-Joseph de Signoles est le lâche de la nouvelle qui porte ce nom. Orphelin et fortuné, ce bel homme fréquente les salons et appartient aux cercles relativement restreints des mondains parisiens.

Maître Hauchecorne
Maître Malandain

Maître Hauchecorne est l'un des paysan de *La Ficelle*. «Économe en vrai Normand», il ne peut s'empêcher de ramener un jour de marché un bout de ficelle qui lui vaudra bien des ennuis. Maître Hauchecorne est la victime de maître Malandain, personnage rancunier, médisant et fourbe avec lequel il a eu des démêlés autrefois.

Les Vallin et les Tuvache ainsi que Maître Hauchecorne et Maître Malandain, gravures par Ch. Léandre (1862-1930).

Cabinet de travail de Guy de Maupassant à Paris.
● Que vous inspirent l'ameublement et la décoration de cette pièce ?
● Quelle image de l'auteur renvoient-ils ?

5e volume.　　　No 246. — 10 c.　　　Un an : 6 fr.

LES HOMMES D'AUJOURD'HUI

DESSIN DE COLL-TOC

Bureaux : Librairie Vanier, 19, quai Saint-Michel, à Paris.

GUY DE MAUPASSANT

Maupassant caricaturiste.
Lettre à Louis Le Poittevin (1877).

I

MAUPASSANT CONTEUR FANTASTIQUE

Le Horla

1 *8 mai.* — Quelle journée admirable ! J'ai passé toute la matinée étendu sur l'herbe, devant ma maison, sous l'énorme platane qui la couvre, l'abrite et l'ombrage tout entière. J'aime ce pays, et j'aime y vivre
5 parce que j'y ai mes racines, ces profondes et délicates racines, qui attachent un homme à la terre, où sont nés et morts ses aïeux, qui l'attachent à ce qu'on pense et à ce qu'on mange, aux usages comme aux nourritures, aux locutions locales*, aux intonations des paysans, aux
10 odeurs du sol, des villages et de l'air lui-même.

J'aime ma maison où j'ai grandi. De mes fenêtres, je vois la Seine qui coule, le long de mon jardin, derrière la route, presque chez moi, la grande et large Seine, qui va de Rouen au Havre, couverte de bateaux
15 qui passent.

A gauche, là-bas, Rouen, la vaste ville aux toits bleus, sous le peuple pointu des clochers gothiques. Ils sont innombrables, frêles ou larges, dominés par la flèche de fonte de la cathédrale, et pleins de cloches qui
20 sonnent dans l'air bleu des belles matinées, jetant jusqu'à moi leur doux et lointain bourdonnement de fer, leur chant d'airain* que la brise m'apporte, tantôt plus fort et tantôt plus affaibli, suivant qu'elle s'éveille ou s'assoupit.
25 Comme il faisait bon ce matin !

Vers onze heures, un long convoi de navires, traînés par un remorqueur, gros comme une mouche, et qui râlait de peine en vomissant une fumée épaisse, défila devant ma grille.
30 Après deux goélettes anglaises, dont le pavillon rouge ondoyait sur le ciel, venait un superbe trois-mâts brésilien, tout blanc, admirablement propre et luisant. Je le saluai, je ne sais pourquoi, tant ce navire me fit plaisir à voir.

35 *12 mai.* — J'ai un peu de fièvre depuis quelques jours ; je me sens souffrant, ou plutôt je me sens triste.

D'où viennent ces influences mystérieuses qui changent en découragement notre bonheur et notre confiance en détresse ? On dirait que l'air, l'air invi-
40 sible est plein d'inconnaissables Puissances, dont nous subissons les voisinages mystérieux. Je m'éveille plein de gaieté, avec des envies de chanter dans la gorge. — Pourquoi ? — Je descends le long de l'eau ; et soudain, après une courte promenade, je rentre désolé, comme si
45 quelque malheur m'attendait chez moi. — Pourquoi ? — Est-ce un frisson de froid qui, frôlant ma peau, a ébranlé mes nerfs et assombri mon âme ? Est-ce la forme des nuages, ou la couleur du jour, la couleur des

choses, si variable, qui, passant par mes yeux, a troublé
50 ma pensée ? Sait-on ? Tout ce qui nous entoure, tout ce que nous voyons sans le regarder, tout ce que nous frôlons sans le connaître, tout ce que nous touchons sans le palper, tout ce que nous rencontrons sans le distinguer, a sur nous, sur nos organes et, par eux, sur nos
55 idées, sur notre cœur lui-même, des effets rapides, surprenants et inexplicables ?

Comme il est profond, ce mystère de l'Invisible ! Nous ne le pouvons sonder avec nos sens misérables, avec nos yeux qui ne savent apercevoir ni le trop petit,
60 ni le trop grand, ni le trop près, ni le trop loin, ni les habitants d'une étoile, ni les habitants d'une goutte d'eau... avec nos oreilles qui nous trompent, car elles nous transmettent les vibrations de l'air en notes sonores. Elles sont des fées qui font ce miracle de changer
65 en bruit ce mouvement et par cette métamorphose donnent naissance à la musique, qui rend chantante l'agitation muette de la nature... avec notre odorat, plus faible que celui du chien... avec notre goût, qui peut à peine discerner l'âge d'un vin !
70 Ah ! si nous avions d'autres organes qui accompliraient en notre faveur d'autres miracles, que de choses nous pourrions découvrir encore autour de nous !

16 mai. — Je suis malade, décidément ! Je me portais si bien le mois dernier ! J'ai la fièvre, une fièvre
75 atroce, ou plutôt un énervement fiévreux, qui rend mon âme aussi souffrante que mon corps ! J'ai sans cesse cette sensation affreuse d'un danger menaçant, cette appréhension d'un malheur qui vient ou de la mort qui approche, ce pressentiment qui est sans doute
80 l'atteinte d'un mal encore inconnu, germant* dans le sang et dans la chair.

18 mai. — Je viens d'aller consulter mon médecin, car je ne pouvais plus dormir. Il m'a trouvé le pouls rapide, l'œil dilaté, les nerfs vibrants, mais sans aucun
85 symptôme alarmant. Je dois me soumettre aux douches et boire du bromure de potassium*.

25 mai. — Aucun changement ! Mon état, vraiment, est bizarre. A mesure qu'approche le soir, une inquiétude incompréhensible m'envahit, comme si la
90 nuit cachait pour moi une menace terrible. Je dîne vite, puis j'essaie de lire ; mais je ne comprends pas les mots ; je distingue à peine les lettres. Je marche alors dans mon salon de long en large, sous l'oppression d'une crainte confuse et irrésistible, la crainte du som-
95 meil et la crainte du lit.

Vers dix heures, je monte dans ma chambre. A peine entré, je donne deux tours de clef, et je pousse les verrous ; j'ai peur... de quoi ?... Je ne redoutais rien jusqu'ici... j'ouvre mes armoires, je regarde sous mon lit ; j'écoute... j'écoute... quoi ?... Est-ce étrange qu'un simple malaise, un trouble de la circulation peut-être, l'irritation d'un filet nerveux, un peu de congestion*, une toute petite perturbation dans le fonctionnement si imparfait et si délicat de notre machine vivante, puisse faire un mélancolique du plus joyeux des hommes, et un poltron du plus brave ? Puis, je me couche, et j'attends le sommeil comme on attendrait le bourreau. Je l'attends avec l'épouvante de sa venue, et mon cœur bat, et mes jambes frémissent ; et tout mon corps tressaille dans la chaleur des draps, jusqu'au moment où je tombe tout à coup dans le repos, comme on tomberait pour s'y noyer, dans un gouffre d'eau stagnante*. Je ne le sens pas venir, comme autrefois, ce sommeil perfide, caché près de moi, qui me guette, qui va me saisir par la tête, me fermer les yeux, m'anéantir.

Je dors — longtemps — deux ou trois heures — puis un rêve — non — un cauchemar m'étreint. Je sens bien que je suis couché et que je dors... je le sens et je le sais... et je sens aussi que quelqu'un s'approche de moi, me regarde, me palpe, monte sur mon lit, s'agenouille sur ma poitrine, me prend le cou entre ses mains et serre... serre... de toute sa force pour m'étrangler.

Moi, je me débats, lié par cette impuissance atroce, qui nous paralyse dans les songes ; je veux crier, — je ne peux pas ; — je veux remuer, — je ne peux pas ; — j'essaie, avec des efforts affreux, en haletant, de me tourner, de rejeter cet être qui m'écrase et qui m'étouffe, — je ne peux pas !

Et soudain, je m'éveille, affolé, couvert de sueur. J'allume une bougie. Je suis seul.

Après cette crise, qui se renouvelle toutes les nuits, je dors enfin, avec calme, jusqu'à l'aurore.

2 juin. — Mon état s'est encore aggravé. Qu'ai-je donc ? Le bromure n'y fait rien ; les douches n'y font rien. Tantôt, pour fatiguer mon corps, si las pourtant, j'allai faire un tour dans la forêt de Roumare. Je crus d'abord que l'air frais, léger et doux, plein d'odeur d'herbes et de feuilles, me versait aux veines un sang nouveau, au cœur une énergie nouvelle. Je pris une grande avenue de chasse, puis je tournai vers La Bouille, par une allée étroite, entre deux armées d'arbres démesurément hauts qui mettaient un toit vert, épais, presque noir, entre le ciel et moi.

Un frisson me saisit soudain, non pas un frisson de froid, mais un étrange frisson d'angoisse.

Je hâtai le pas, inquiet d'être seul dans ce bois, apeuré sans raison, stupidement, par la profonde solitude. Tout à coup, il me sembla que j'étais suivi, qu'on marchait sur mes talons, tout près, à me toucher.

Je me retournai brusquement. J'étais seul. Je ne vis derrière moi que la droite et large allée, vide, haute, redoutablement vide ; et de l'autre côté elle s'étendait aussi à perte de vue, toute pareille, effrayante.

Je fermai les yeux. Pourquoi ? Et je me mis à tourner sur un talon, très vite, comme une toupie. Je fail-

lis tomber ; je rouvris les yeux ; les arbres dansaient, la terre flottait ; je dus m'asseoir. Puis, ah ! je ne savais plus par où j'étais venu ! Bizarre idée ! Bizarre ! Bizarre idée ! Je ne savais plus du tout. Je partis par le côté qui se trouvait à ma droite, et je revins dans l'avenue qui m'avait amené au milieu de la forêt.

3 juin. — La nuit a été horrible. Je vais m'absenter pendant quelques semaines. Un petit voyage, sans doute, me remettra.

2 juillet. — Je rentre. Je suis guéri. J'ai fait d'ailleurs une excursion charmante. J'ai visité le mont Saint-Michel que je ne connaissais pas.

Quelle vision, quand on arrive, comme moi, à Avranches, vers la fin du jour ! La ville est sur une colline ; et on me conduisit dans le jardin public, au bout de la cité. Je poussai un cri d'étonnement. Une baie démesurée s'étendait devant moi, à perte de vue, entre deux côtes écartées se perdant au loin dans les brumes ; et au milieu de cette immense baie jaune, sous un ciel d'or et de clarté, s'élevait sombre et pointu un mont étrange, au milieu des sables. Le soleil venait de disparaître, et sur l'horizon encore flamboyant se dessinait le profil de ce fantastique rocher qui porte sur son sommet un fantastique monument.

Dès l'aurore, j'allai vers lui. La mer était basse, comme la veille au soir, et je regardais se dresser devant moi, à mesure que j'approchais d'elle, la surprenante abbaye. Après plusieurs heures de marche, j'atteignis l'énorme bloc de pierres qui porte la petite cité dominée par la grande église. Ayant gravi la rue étroite et rapide, j'entrai dans la plus admirable demeure gothique construite pour Dieu sur la terre, vaste comme une ville, pleine de salles basses écrasées sous des voûtes et de hautes galeries que soutiennent de frêles colonnes. J'entrai dans ce gigantesque bijou de granit, aussi léger qu'une dentelle, couvert de tours, de sveltes clochetons*, où montent des escaliers tordus, et qui lancent dans le ciel bleu des jours, dans le ciel noir des nuits, leurs têtes bizarres hérissées de chimères*, de diables, de bêtes fantastiques, de fleurs monstrueuses, et reliés l'un à l'autre par de fines arches ouvragées.

Quand je fus sur le sommet, je dis au moine qui m'accompagnait : « Mon Père, comme vous devez être bien ici ! »

Il répondit : « Il y a beaucoup de vent, monsieur » ; et nous nous mîmes à causer en regardant monter la mer, qui courait sur le sable et le couvrait d'une cuirasse d'acier.

Et le moine me conta des histoires, toutes les vieilles histoires de ce lieu, des légendes, toujours des légendes.

Une d'elles me frappa beaucoup. Les gens du pays, ceux du mont, prétendent qu'on entend parler la nuit dans les sables, puis qu'on entend bêler deux chèvres, l'une avec une voix forte, l'autre avec une voix faible. Les incrédules affirment que ce sont les cris des oiseaux de mer, qui ressemblent tantôt à des bêlements, et tantôt à des plaintes humaines ; mais les pêcheurs attardés jurent avoir rencontré, rôdant sur les dunes, entre deux marées, autour de la petite ville jetée ainsi loin du monde, un vieux berger, dont on ne voit jamais la tête couverte de son manteau, et qui conduit, en marchant devant eux, un bouc à figure d'homme et une chèvre à figure de femme, tous deux avec de longs 220 cheveux blancs et parlant sans cesse, se querellant dans une langue inconnue, puis cessant soudain de crier pour bêler de toute leur force.

Je dis au moine : « Y croyez-vous ? »

225 Il murmura : « Je ne sais pas. »

Je repris : « S'il existait sur la terre d'autres êtres que nous, comment ne les connaîtrions-nous point depuis longtemps ; comment ne les auriez-vous pas vus, vous ? comment ne les aurais-je pas vus, moi ? »

230 Il répondit : « Est-ce que nous voyons la cent millième partie de ce qui existe ? Tenez, voici le vent, qui est la plus grande force de la nature, qui renverse les hommes, abat les édifices, déracine les arbres, soulève la mer en montagnes d'eau, détruit les falaises, et jette 235 aux brisants les grands navires, le vent qui tue, qui siffle, qui gémit, qui mugit, — l'avez-vous vu, et pouvez-vous le voir ? Il existe, pourtant. »

Je me tus devant ce simple raisonnement. Cet homme était un sage ou peut-être un sot. Je ne l'aurais 240 pu affirmer au juste ; mais je me tus. Ce qu'il disait là, je l'avais pensé souvent.

3 juillet. — J'ai mal dormi ; certes, il y a ici une influence fiévreuse, car mon cocher souffre du même mal que moi. En rentrant hier, j'avais remarqué sa 245 pâleur singulière. Je lui demandai : « Qu'est-ce que vous avez, Jean ? »

— J'ai que je ne peux plus me reposer, monsieur, ce sont mes nuits qui mangent mes jours. Depuis le départ de monsieur, cela me tient comme un sort. »

250 Les autres domestiques vont bien cependant, mais j'ai grand-peur d'être repris, moi.

4 juillet. — Décidément, je suis repris. Mes cauchemars anciens reviennent. Cette nuit, j'ai senti quelqu'un accroupi sur moi, et qui, sa bouche sur la 255 mienne, buvait ma vie entre mes lèvres. Oui, il la puisait dans ma gorge, comme aurait fait une sangsue*. Puis il s'est levé, repu, et moi je me suis réveillé, tellement meurtri, brisé, anéanti, que je ne pouvais plus remuer. Si cela continue encore quelques jours, je 260 repartirai certainement.

5 juillet. — Ai-je perdu la raison ? Ce qui s'est passé, ce que j'ai vu la nuit dernière est tellement étrange, que ma tête s'égare quand j'y songe !

Comme je le fais maintenant chaque soir, j'avais 265 fermé ma porte à clef ; puis, ayant soif, je bus un demi-verre d'eau, et je remarquai par hasard que ma carafe était pleine jusqu'au bouchon de cristal.

Je me couchai ensuite et je tombai dans un de ces sommeils épouvantables, dont je fus tiré au bout 270 de deux heures environ par une secousse plus affreuse encore.

Figurez-vous un homme qui dort, qu'on assassine, et qui se réveille, avec un couteau dans le poumon, et qui râle, couvert de sang, et qui ne peut plus respirer, 275 et qui va mourir, et qui ne comprend pas — voilà.

La maison du Horla et la maison de Flaubert

« J'aime ma maison où j'ai grandi. De mes fenêtres, je vois la Seine qui coule, le long de mon jardin, derrière la route, presque chez moi, la grande et large Seine, qui va de Rouen au Havre, couverte de bateaux qui passent. » (l.11 à 15)

« Quelle journée admirable ! J'ai passé toute la matinée étendu sur l'herbe, devant ma maison, sous l'énorme platane qui la couvre, l'abrite et l'ombrage tout entière. » (l.1 à 4)

Cette maison que Maupassant décrit comme celle du personnage est en vérité celle de son cher maître et ami Flaubert. A peine sorti du lycée de Rouen, alors qu'il gagne déjà sa vie en travaillant au ministère de la Marine, Maupassant vient chaque dimanche passer la journée avec Flaubert qui, durant six ans, lui apprend à écrire, lit ses textes, les corrige, le conseille et lui fait rencontrer les grands écrivains de son époque.

A. Lumbroso cite dans son livre *Souvenirs de Maupassant* (paru aux Éditions Slatkine en 1981) le passage d'un discours de José-Maria de Hérédia décrivant la maison de Flaubert :

« Séparée de la Seine par la route, la maison de Gustave Flaubert s'adossait, blanche et basse, à un beau jardin qui grimpait aux parois de la côte abrupte de Canteleu. Au bord de l'eau, une longue terrasse plantée de tilleuls... Et seul, au milieu du parterre, montait un gigantesque tulipier. »

LA MAISON NATALE DE FLAUBERT. — PAVILLON DE L'HÔTEL-DIEU DE ROUEN, RUE DE LECAT.

Gravure parue dans le Monde illustré en 1890.

● *Relever les points communs entre la description de la maison du Horla par Maupassant et celle de la maison de Flaubert par José-Maria de Hérédia.*

Ayant enfin reconquis ma raison, j'eus soif de nouveau ; j'allumai une bougie et j'allai vers la table où était posée ma carafe. Je la soulevai en la penchant sur mon verre ; rien ne coula. — Elle était vide ! Elle
280 était vide complètement ! D'abord, je n'y compris rien ; puis, tout à coup, je ressentis une émotion si terrible, que je dus m'asseoir, ou plutôt, que je tombai sur une chaise ! puis, je me redressai d'un saut pour regarder autour de moi ! puis je me rassis, éperdu d'étonnement
285 et de peur, devant le cristal transparent ! Je le contemplais avec des yeux fixes, cherchant à deviner. Mes mains tremblaient ! On avait donc bu cette eau ? Qui ? Moi ? moi, sans doute ? Ce ne pouvait être que moi ? Alors, j'étais somnambule, je vivais, sans le savoir, de
290 cette double vie mystérieuse qui fait douter s'il y a deux êtres en nous, ou si un être étranger, inconnaissable et invisible, anime, par moments, quand notre âme est engourdie, notre corps captif qui obéit à cet autre, comme à nous-mêmes, plus qu'à nous-mêmes.

295 Ah ! qui comprendra mon angoisse abominable ? Qui comprendra l'émotion d'un homme, sain d'esprit, bien éveillé, plein de raison et qui regarde épouvanté, à travers le verre d'une carafe, un peu d'eau disparue pendant qu'il a dormi ! Et je restai là jusqu'au jour, sans
300 oser regagner mon lit.

6 juillet. — Je deviens fou. On a encore bu toute ma carafe cette nuit ; — ou plutôt, je l'ai bue !

Mais, est-ce moi ? Est-ce moi ? Qui serait-ce ? Qui ?
305 Oh ! mon Dieu ! Je deviens fou ? Qui me sauvera ?

10 juillet. — Je viens de faire des épreuves surprenantes.

Décidément, je suis fou ! Et pourtant !

Le 6 juillet, avant de me coucher, j'ai placé sur ma
310 table du vin, du lait, de l'eau, du pain et des fraises.

On a bu — j'ai bu — toute l'eau, et un peu de lait. On n'a touché ni au vin, ni au pain, ni aux fraises.

Le 7 juillet, j'ai renouvelé la même épreuve, qui a donné le même résultat.

315 Le 8 juillet, j'ai supprimé l'eau et le lait. On n'a touché à rien.

Le 9 juillet enfin, j'ai remis sur ma table l'eau et le lait seulement, en ayant soin d'envelopper les carafes en des linges de mousseline blanche et de ficeler
320 les bouchons. Puis, j'ai frotté mes lèvres, ma barbe, mes mains avec de la mine de plomb, et je me suis couché.

L'invincible sommeil m'a saisi, suivi bientôt de l'atroce réveil. Je n'avais point remué ; mes draps eux-mêmes ne portaient pas de taches. Je m'élançai vers
325 ma table. Les linges enfermant les bouteilles étaient demeurés immaculés. Je déliai les cordons, en palpitant de crainte. On avait bu toute l'eau ! on avait bu tout le lait ! Ah ! mon Dieu !...

Je vais partir tout à l'heure pour Paris.

locutions locales : tournures de phrases et vocabulaire particuliers à la région, patois. **chant d'airain** : chant de bronze. **germant** : naissant. **bromure de potassium** : produit chimique aux propriétés calmantes. **congestion** : tension. **eau stagnante** : eau qui ne s'écoule pas, qui croupit. **sveltes clochetons** : petites cloches très fines. **chimères** : monstres. **sangsue** : ver qui se fixe à la peau grâce à ses ventouses et suce le sang.

Lithographie : « Ah ! La belle tête » (à la Grenouillère), de A. Morlon.

Carte postale de 1906 : Croissy-La Grenouillère, prise de l'île.

Dessin de Cortazzo (1902).

SYNTHÈSE de la première partie

Cauchemars

I. Quelques repères

1. Combien y a-t-il de personnages dans ce passage?

2. Qui est le personnage principal? Est-il nommé?

3. Sur quels aspects de ce personnage la description de Maupassant s'attache-t-elle? Qu'en pensez-vous?

4. Sous quelle forme particulière cette nouvelle se présente-t-elle?

5. Le personnage écrit-il régulièrement? Cochez les jours où il écrit sur un calendrier. Qu'en déduisez-vous?

6. Où l'histoire se déroule-t-elle? A la ville? A la campagne? A la montagne?

7. Le héros est-il particulièrement attaché à cet endroit? Relevez les phrases qui vous l'indiquent.

II. L'action

1. Que se passe-t-il le 18 mai? Comment notre personnage se sent-il?

2. Quelles modifications l'état de santé de notre personnage subit-il les 12 et 16 mai?

3. Pour quelle raison va-t-il consulter son médecin le 18 mai? Quels symptômes présente-t-il?

4. Pourquoi la date du 25 mai est-elle capitale?

5. Relevez les termes et procédés stylistiques marquant l'angoisse du personnage (l. 96 à 133).

6. Résumez l'action des 2 et 3 juin.

7. Pourquoi le personnage décide-t-il de quitter sa maison? Combien de temps s'absente-t-il?

8. Quel cauchemar le personnage fait-il le 5 juillet?

9. Quand les phénomènes inexplicables commencent-ils à apparaître? Que pensez-vous de l'épisode de la carafe (l. 276 à 294)?

III. Le fantastique

1. Le mot «horla» existe-t-il? Analysez sa formation. Pourquoi ce terme est-il étrange, inquiétant, fantastique?

2. Commentez cette phrase : «On dirait que l'air, l'air invisible est plein d'inconnaissables Puissances, dont nous subissons les voisinages mystérieux» (l. 40-41). Que pensez-vous de ce passage? Pourquoi nous éclaire-t-il·sur la suite de l'histoire?

3. Pourquoi y a-t-il un «p» majuscule à «Puissances»? A quelle occasion Maupassant utilise-t-il à nouveau ce procédé (l. 46 à 69)?

4. Commentez l'expression «machine vivante» (l. 104).

5. Analysez le cauchemar du personnage (l. 116 à 123). Dans quel but Maupassant utilise-t-il tant de verbes?

6. Relevez les éléments fantastiques de la description de l'église du Mont-Saint-Michel (l. 180 à 197).

7. Résumez la légende que le moine raconte à notre héros (l. 208 à 223). Pourquoi leur discussion est-elle susceptible d'inquiéter notre homme (l. 223 à 241)?

8. Comment sont ses domestiques à son retour (l. 242 à 251)? Que dit Jean le cocher?

9. Énumérez et commentez les expériences des 6, 7, 8 et 9 juillet.

IV. Sujets de recherche

1. Qu'est-ce qu'une goélette (l. 30)? Donnez une définition de ce terme et cherchez des photos ou gravures représentant des goélettes.

2. Qu'indique le pavillon d'un bateau (l. 30-31)? Cherchez dans un dictionnaire ou une encyclopédie des planches représentant différents pavillons.

G. Lemoine, illustration pour Le Horla.

suggestions : idées, croyances influençant une personne malgré elle

coudoiement : contact

hypnotisme : sommeil artificiel

330 *12 juillet.* — Paris. J'avais donc perdu la tête les jours derniers! J'ai dû être le jouet de mon imagination énervée, à moins que je ne sois vraiment somnambule, ou que j'aie subi une de ces influences constatées, mais inexplicables jusqu'ici, qu'on appelle suggestions*. En tout cas, mon affolement tou-
335 chait à la démence, et vingt-quatre heures de Paris ont suffi pour me remettre d'aplomb.

Hier, après des courses et des visites, qui m'ont fait passer dans l'âme de l'air nouveau et vivifiant, j'ai fini ma soirée au Théâtre-Français. On y jouait une pièce d'Alexandre Dumas
340 fils; et cet esprit alerte et puissant a achevé de me guérir. Certes, la solitude est dangereuse pour les intelligences qui travaillent. Il nous faut autour de nous, des hommes qui pensent et qui parlent. Quand nous sommes seuls longtemps, nous peuplons le vide de fantômes.

345 Je suis rentré à l'hôtel très gai, par les boulevards. Au coudoiement* de la foule, je songeais, non sans ironie, à mes terreurs, à mes suppositions de l'autre semaine, car j'ai cru, oui, j'ai cru qu'un être invisible habitait sous mon toit. Comme notre tête est faible et s'effare, et s'égare vite, dès qu'un petit
350 fait incompréhensible nous frappe!

Au lieu de conclure par ces simples mots : « Je ne comprends pas parce que la cause m'échappe », nous imaginons aussitôt des mystères effrayants et des puissances surnaturelles.

14 juillet. — Fête de la République. Je me suis promené
355 par les rues. Les pétards et les drapeaux m'amusaient comme un enfant. C'est pourtant fort bête d'être joyeux, à date fixe, par décret du gouvernement. Le peuple est un troupeau imbécile, tantôt stupidement patient et tantôt férocement révolté. On lui dit : « Amuse-toi. » Il s'amuse. On lui dit : « Va te battre
360 avec le voisin. » Il va se battre. On lui dit : « Vote pour l'Empereur. » Il vote pour l'Empereur. Puis, on lui dit : « Vote pour la République. » Et il vote pour la République.

Ceux qui le dirigent sont aussi sots; mais au lieu d'obéir à des hommes, ils obéissent à des principes, lesquels ne peuvent
365 être que niais, stériles et faux, par cela même qu'ils sont des principes, c'est-à-dire des idées réputées certaines et immuables, en ce monde où l'on n'est sûr de rien, puisque la lumière est une illusion, puisque le bruit est une illusion.

16 juillet. — J'ai vu hier des choses qui m'ont beau-
370 coup troublé.

Je dînais chez ma cousine, Mme Sablé, dont le mari commande le 76e chasseurs à Limoges. Je me trouvais chez elle avec deux jeunes femmes, dont l'une a épousé un médecin, le docteur Parent, qui s'occupe beaucoup des maladies nerveuses
375 et des manifestations extraordinaires auxquelles donnent lieu en ce moment les expériences sur l'hypnotisme* et la suggestion.

Il nous raconta longtemps les résultats prodigieux obtenus par des savants anglais et par les médecins de l'école
380 de Nancy.

Les faits qu'il avança me parurent tellement bizarres, que je me déclarai tout à fait incrédule.

« Nous sommes, affirmait-il, sur le point de découvrir un des plus importants secrets de la nature, je veux dire, un de

1. *Depuis combien de jours notre personnage est-il à Paris (l. 330 à 336)?*
2. *Que signifie l'expression « être le jouet de... » (l. 331)?*
3. *Quelles sont, selon le personnage, les trois causes possibles de son trouble (l. 331 à 336)? Qu'en pensez-vous?*
4. *Va-t-il mieux une fois dans la capitale? Relevez la phrase qui vous l'indique.*
5. *Qu'a-t-il fait durant sa première journée à Paris (l. 337 à 340)?*
6. *Commentez la phrase « la solitude est dangereuse pour les intelligences qui travaillent » (l. 340-341).*
7. *Que pensez-vous de la théorie sur la solitude (l. 342 à 344)?*
8. *En quoi consiste réellement sa thérapie (l. 345 à 347)?*
9. *Quelle attitude le héros a-t-il par rapport aux phénomènes inexplicables? Résumez ses propos (l. 348 à 353).*
10. *Que célèbre-t-on le 14 juillet (l. 354)?*
11. *Analysez l'ironie de la phrase : « C'est pourtant fort bête d'être joyeux à date fixe, par décret du gouvernement » (l. 356-357).*
12. *Que dit Maupassant à propos du peuple (l. 357 à 368)? Relevez les mots ou expressions particulièrement forts. Pourquoi ces propos sont-ils graves? Que cherche à critiquer l'écrivain?*
13. *Chez qui le personnage dîne-t-il le 16 juillet (l. 369 à 377)?*
14. *Quelle est la spécialité du médecin qu'il rencontre lors de ce dîner?*
15. *Le personnage a-t-il déjà fait allusion — avant les lignes 376-377 — à l'hypnotisme ou à la suggestion? Que pensez-vous de ce hasard?*
16. *Qu'est-ce qu'un régiment de chasseurs (l. 372)?*
17. *Comparez l'arrivée à Paris et le séjour à Saint-Michel de notre personnage. En quoi se rejoignent-ils? En quoi diffèrent-ils?*

gnomes : petits génies très laids

cinq mille francs : très grosse somme d'argent au XIXᵉ siècle

385 ses plus importants secrets sur cette terre ; car elle en a certes d'autrement importants, là-bas, dans les étoiles. Depuis que l'homme pense, depuis qu'il sait dire et écrire sa pensée, il se sent frôlé par un mystère impénétrable pour ses sens grossiers et imparfaits, et il tâche de suppléer, par l'effort de son intelli-

390 gence, à l'impuissance de ses organes. Quand cette intelligence demeurait encore à l'état rudimentaire, cette hantise des phénomènes invisibles a pris des formes banalement effrayantes. De là sont nées les croyances populaires au surnaturel, les légendes des esprits rôdeurs, des fées, des gnomes*, des reve-

395 nants, je dirai même la légende de Dieu, car nos conceptions de l'ouvrier-créateur, de quelque religion qu'elles nous viennent, sont bien les inventions les plus médiocres, les plus stupides, les plus inacceptables sorties du cerveau apeuré des créatures. Rien de plus vrai que cette parole de Voltaire :

400 "Dieu a fait l'homme à son image, mais l'homme le lui a bien rendu." »

« Mais, depuis un peu plus d'un siècle, on semble pressentir quelque chose de nouveau. Mesmer et quelques autres nous ont mis sur une voie inattendue, et nous sommes arrivés

405 vraiment, depuis quatre ou cinq ans surtout, à des résultats surprenants. »

Ma cousine, très incrédule aussi, souriait. Le docteur Parent lui dit : « Voulez-vous que j'essaie de vous endormir, madame ?

410 — Oui, je veux bien. »

Elle s'assit dans un fauteuil et il commença à la regarder fixement en la fascinant. Moi, je me sentis soudain un peu troublé, le cœur battant, la gorge serrée. Je voyais les yeux de Mᵐᵉ Sablé s'alourdir, sa bouche se crisper, sa poitrine haleter.

415 Au bout de dix minutes, elle dormait.

« Mettez-vous derrière elle », dit le médecin.

Et je m'assis derrière elle. Il lui plaça entre les mains une carte de visite en lui disant : « Ceci est un miroir ; que voyez-vous dedans ? »

420 Elle répondit :

« Je vois mon cousin.

— Que fait-il ?

— Il se tord la moustache.

— Et maintenant ?

425 — Il tire de sa poche une photographie.

— Quelle est cette photographie ?

— La sienne. »

C'était vrai ! Et cette photographie venait de m'être livrée, le soir même, à l'hôtel.

430 « Comment est-il sur ce portrait ?

— Il se tient debout avec son chapeau à la main. »

Donc elle voyait dans cette carte, dans ce carton blanc, comme elle eût vu dans une glace.

Les jeunes femmes, épouvantées, disaient : « Assez ! Assez !

435 Assez ! »

Mais le docteur ordonna : « Vous vous lèverez demain à huit heures ; puis vous irez trouver à son hôtel votre cousin, et vous le supplierez de vous prêter cinq mille francs* que votre mari vous demande et qu'il vous réclamera à son pro-

440 chain voyage. »

Puis il la réveilla.

COMMENTAIRE DE TEXTE

« L'un des plus importants secrets de la nature »

I. L'histoire

Donnez un titre à chacune des trois parties de ce passage.
1ʳᵉ partie : l. 383 à 385
2ᵉ partie : l. 385 à 390
3ᵉ partie : l. 390 à 401

II. Le texte

1. *De qui parle le docteur Parent quand il dit « nous » (l. 383) ? Dans quel but ?*
2. *Quel peut bien être l'« un des plus importants secrets de la nature » selon vous (l. 383-384) ?*
3. *Que signifie le verbe « suppléer » (l. 389) ?*
4. *Analysez le passage : « (...) il (l'homme) tâche de suppléer, par l'effort de son intelligence, à l'impuissance de ses organes » (l. 389-390).*
5. *Par quels mots pourriez-vous remplacer l'expression « phénomènes invisibles » (l. 391-392) ?*
6. *Quels sont les quatre premières croyances (l. 394-395) ?*
7. *Relevez le passage condamnant les religions (l. 395 à 399). Comment l'auteur traduit-il la violence des idées de son personnage ?*

III. Au-delà du texte

1. *Vous connaissez certainement des histoires de fées, de gnomes, de revenants ou d'esprits rôdeurs. Racontez-en deux au choix.*
2. *Le docteur Parent fait allusion à des religions différentes. Les connaissez-vous ?*

18. *Qui est Mesmer ? Qu'a-t-il fait (l. 402 à 406) ?*
19. *Comment le médecin endort-il la jeune femme (l. 411-412) ?*
20. *Comment notre personnage réagit-il face à cette expérience (l. 412-413) ? Relevez les termes décrivant son état ? Analysez sa réaction.*
21. *Résumez et commentez la poursuite de l'expérience (l. 416 à 441).*
22. *L'hypnotisme se pratique-t-il encore aujourd'hui ? Par qui ? Dans quels cas ?*

supercherie : tromperie, escroquerie

prestidigitateurs : magiciens

balbutier : bredouiller

En rentrant à l'hôtel, je songeais à cette curieuse séance et des doutes m'assaillirent, non point sur l'absolue, sur l'insoupçonnable bonne foi de ma cousine, que je connaissais comme une sœur, depuis l'enfance, mais sur une supercherie* possible du docteur. Ne dissimulait-il pas dans sa main une glace qu'il montrait à la jeune femme endormie, en même temps que sa carte de visite ? Les prestidigitateurs* de profession font des choses autrement singulières.

450 Je rentrai donc et je me couchai.

Or, ce matin, vers huit heures et demie, je fus réveillé par mon valet de chambre qui me dit :

C'est Mme Sablé qui demande à parler à monsieur tout de suite. »

455 Je m'habillai à la hâte et je la reçus.

Elle s'assit fort troublée, les yeux baissés, et, sans lever son voile, elle me dit :

« Mon cher cousin, j'ai un gros service à vous demander.

— Lequel, ma cousine ?

460 — Cela me gêne beaucoup de vous le dire, et pourtant, il le faut. J'ai besoin, absolument besoin, de cinq mille francs.

— Allons donc, vous ?

— Oui, moi, ou plutôt mon mari, qui me charge de les trouver. »

465 J'étais tellement stupéfait, que je balbutiais* mes réponses. Je me demandais si vraiment elle ne s'était pas moquée de moi avec le docteur Parent, si ce n'était pas là une simple farce préparée d'avance et fort bien jouée.

Mais, en la regardant avec attention, tous mes doutes se 470 dissipèrent. Elle tremblait d'angoisse, tant cette démarche lui était douloureuse, et je compris qu'elle avait la gorge pleine de sanglots.

Je la savais fort riche et je repris :

« Comment ! votre mari n'a pas cinq mille francs à sa 475 disposition ! Voyons, réfléchissez. Êtes-vous sûre qu'il vous a chargée de me les demander ? »

23. *Quels sont les sentiments de notre personnage une fois rentré à son hôtel (l. 442 à 449) ?*

24. *Doute-t-il de sa cousine ou bien du médecin ?*

25. *Quelle supercherie imagine-t-il s'être passée (l. 446 à 449) ? Est-elle réaliste ? Jouez cette scène avec deux camarades.*

26. *Que se passe-t-il le lendemain à huit heures et demie (l. 451 à 454) ?*

27. *Notre héros s'attendait-il à ce que sa cousine vienne le voir ? Relevez la phrase qui vous l'indique.*

28. *Deux éléments vous permettent d'affirmer que la jeune femme est très troublée (l. 456-457). Lesquels ? Commentez-les.*

29. *Que lui demande-t-elle (l. 461) ?*

30. *Les choses se passent-elles comme le médecin l'avait annoncé (l. 456 à 464) ?*

31. *Quels éléments lui font changer d'avis (l. 469-470) ? Peuvent-ils être simulés ?*

32. *Connaissez-vous des tours de prestidigitateurs ? Si oui expliquez le fonctionnement de l'un d'eux.*

33. *5 000 francs au XIXe siècle représentent-ils une somme plus importante que 5 000 francs aujourd'hui ?*

Hypnotisme, magnétisme et suggestion

L'hypnotisme est un état psychique, non naturel, pendant lequel une personne est très sensible à la suggestion. Il existe plusieurs types de sommeil hypnotique ; le plus complexe est sans doute l'état somnambulique, Maupassant y fait allusion dans ce texte : le sujet reçoit durant son sommeil un ordre qu'il exécutera après son réveil sans avoir conscience de ce qui le pousse à le faire. Charcot (1825-1893), contemporain de Maupassant et spécialiste du système nerveux *(Leçons sur les maladies du système nerveux faites à la Salpêtrière)* l'utilisa comme procédé de guérison des grands malades nerveux.

Le magnétisme est une théorie de la physique selon laquelle un fluide, propriété de certains individus seulement, peut agir sur des patients et les mettre sous la dépendance de leur volonté. Certains savants du XVIIe siècle ont vu dans le magnétisme une propriété universelle et vitale, uniformément répandue. C'est Mesmer qui, au XVIIIe siècle, développa la thérapie par le magnétisme en appliquant sur les parties malades (main, bras, cuisse...) une baguette de fer préalablement magnétisée. Les résultats furent très contestés et la pratique abandonnée.

La leçon du Professeur Charcot à l'hôpital de la Salpêtrière, gravure d'après un tableau de Brouillet (1884).

La suggestion est l'« acte par lequel une idée est introduite dans le cerveau et acceptée par lui » (Bernheim). La suggestion correspond donc à l'ordre que le médecin donne à son patient en état de sommeil hypnotique.

● *Maupassant établit-il dans son texte une distinction particulière entre l'hypnotisme, le magnétisme et la suggestion ? Relever les passages qui vous l'indiquent.*

Elle hésita quelques secondes comme si elle eût fait un grand effort pour chercher dans son souvenir, puis elle répondit :

480 « Oui..., oui... j'en suis sûre.

— Il vous a écrit ? »

Elle hésita encore, réfléchissant. Je devinai le travail torturant de sa pensée. Elle ne savait pas. Elle savait seulement qu'elle devait m'emprunter cinq mille francs pour son mari.
485 Donc elle osa mentir.

« Oui, il m'a écrit.

— Quand donc ? Vous ne m'avez parlé de rien, hier.

— J'ai reçu sa lettre ce matin.

— Pouvez-vous me la montrer ?

490 — Non... non... non... elle contenait des choses intimes... trop personnelles... je l'ai... je l'ai brûlée.

— Alors, c'est que votre mari fait des dettes. »

Elle hésita encore, puis murmura :

« Je ne sais pas. »

495 Je déclarai brusquement :

« C'est que je ne puis disposer de cinq mille francs en ce moment, ma chère cousine. »

Elle poussa une sorte de cri de souffrance.

« Oh ! oh ! je vous en prie, je vous en prie, trouvez-les... »

500 Elle s'exaltait, joignait les mains comme si elle m'eût prié ! J'entendais sa voix changer de ton ; elle pleurait et bégayait, harcelée, dominée par l'ordre irrésistible qu'elle avait reçu.

« Oh ! oh ! je vous en supplie... si vous saviez comme je
505 souffre... il me les faut aujourd'hui. »

J'eus pitié d'elle.

« Vous les aurez tantôt, je vous le jure. »

Elle s'écria :

« Oh ! merci ! merci ! Que vous êtes bon. »

510 Je repris : « Vous rappelez-vous ce qui s'est passé hier chez vous ?

— Oui.

— Vous rappelez-vous que le docteur Parent vous a endormie ?

515 — Oui.

— Eh bien, il vous a ordonné de venir m'emprunter ce matin cinq mille francs, et vous obéissez en ce moment à cette suggestion. »

Elle réfléchit quelques secondes et répondit :

520 « Puisque c'est mon mari qui les demande. »

Pendant une heure, j'essayai de la convaincre, mais je n'y pus parvenir.

Quand elle fut partie, je courus chez le docteur. Il allait sortir ; et il m'écouta en souriant. Puis il dit :

525 « Croyez-vous maintenant ?

— Oui, il le faut bien.

— Allons chez votre parente. »

Elle sommeillait déjà sur une chaise longue, accablée de fatigue. Le médecin lui prit le pouls, la regarda quelque
530 temps, une main levée vers ses yeux qu'elle ferma peu à peu sous l'effort insoutenable de cette puissance magnétique.

34.
réag
leve
quan

35. L
selon
son m
gent ? (...mentez votre réponse.

36. *Pourquoi pouvez-vous affirmer, avec Maupassant, qu'elle ment ?*

37. *Notre personnage cède-t-il aux exigences de sa cousine (l. 495 à 507) ?*

38. *Pourquoi change-t-il d'avis ?*

39. *Relevez tous les termes décrivant l'état d'anxiété de la jeune femme (l. 498 à 503).*

40. *Pourquoi peut-on dire que trouver ces 5 000 francs était devenu pour elle une obsession ?*

41. *Est-elle heureuse quand son cousin les lui accorde ? Quelle phrase vous l'indique ?*

42. *A quelle expérience notre personnage se livre-t-il (l. 510 à 522) ?*

43. *Est-elle concluante ? Pourquoi ?*

44. *Qu'en déduisez-vous ?*

45. *Le médecin est-il étonné d'apprendre ce qui s'est passé (l. 523 à 525) ?*

46. *Que font alors les deux hommes (l. 527) ?*

47. *Résumez et analysez la seconde séance d'hypnotisme (l. 528 à 535).*

Quand elle fut endormie :

« Votre mari n'a plus besoin de cinq mille francs. Vous allez donc oublier que vous avez prié votre cousin de vous les 535 prêter, et, s'il vous parle de cela, vous ne comprendrez pas. »

Puis il la réveilla. Je tirai de ma poche un portefeuille :

« Voici, ma chère cousine, ce que vous m'avez demandé ce matin. »

Elle fut tellement surprise que je n'osai insister. J'essayai 540 cependant de ranimer sa mémoire, mais elle nia avec force, crut que je moquais d'elle, et faillit, à la fin, se fâcher.

. . . .

Voilà ! je viens de rentrer ; et je n'ai pu déjeuner, tant cette expérience m'a bouleversé.

19 juillet. — Beaucoup de personnes à qui j'ai raconté 545 cette aventure se sont moquées de moi. Je ne sais plus que penser. Le sage dit : Peut-être ?

21 juillet. — J'ai été dîner à Bougival*, puis j'ai passé la soirée au bal des canotiers*. Décidément, tout dépend des lieux et des milieux. Croire au surnaturel dans l'île de la 550 Grenouillère*, serait le comble de la folie... mais au sommet du mont Saint-Michel ?... mais dans les Indes ? Nous subissons effroyablement l'influence de ce qui nous entoure. Je rentrerai chez moi la semaine prochaine.

30 juillet. — Je suis revenu dans ma maison depuis hier. 555 Tout va bien.

2 août. — Rien de nouveau ; il fait un temps superbe. Je passe mes journées à regarder couler la Seine.

4 août. — Querelles parmi mes domestiques. Ils prétendent qu'on casse les verres, la nuit, dans les armoires. Le valet 560 de chambre accuse la cuisinière, qui accuse la lingère, qui accuse les deux autres. Quel est le coupable ? Bien fin qui le dirait ?

6 août. — Cette fois, je ne suis pas fou. J'ai vu... j'ai vu... j'ai vu !... Je ne puis plus douter... j'ai vu !... J'ai encore froid 565 jusque dans les ongles... j'ai encore peur jusque dans les moelles... j'ai vu !...

Je me promenais à deux heures, en plein soleil, dans mon parterre de rosiers... dans l'allée des rosiers d'automne qui commencent à fleurir.

570 Comme je m'arrêtais à regarder un *géant des batailles**, qui portait trois fleurs magnifiques, je vis, je vis distinctement, tout près de moi, la tige d'une de ces roses se plier, comme si une main invisible l'eût tordue, puis se casser, comme si cette main l'eût cueillie ! Puis la fleur s'éleva, suivant la courbe 575 qu'aurait décrite un bras en la portant vers une bouche, et elle resta suspendue dans l'air transparent, toute seule, immobile, effrayante tache rouge à trois pas de mes yeux.

Éperdu, je me jetai sur elle pour la saisir ! Je ne trouvai rien ; elle avait disparu. Alors je fus pris d'une colère furieuse 580 contre moi-même ; car il n'est pas permis à un homme raisonnable et sérieux d'avoir de pareilles hallucinations*.

---

48. *Que se passe-t-il au réveil de la jeune femme (l. 537-538) ?*
49. *Le médecin est-il parvenu à « annuler » l'ordre qu'il avait donné à sa patiente ? Quels éléments vous permettent de l'affirmer (l. 539 à 541) ?*
50. *Notre héros reste-t-il toujours perplexe face aux expériences du médecin (l. 542-543) ?*
51. *Comment auriez-vous réagi à sa place ?*
52. *Quand le personnage reprend-il son journal intime ?*
53. *Que raconte-t-il le 19 juillet (l. 544 à 546) ? Que pensez-vous de la réaction des gens ?*
54. *Commentez la phrase : « Le sage dit : Peut-être ? » (l. 546).*
55. *Où passe-t-il la journée du 21 juillet (l. 547 à 553) ? Pour quelles raisons pouvez-vous dire que Maupassant connaît bien cet endroit ?*
56. *Dans quel but le personnage oppose-t-il l'île de la Grenouillère au mont Saint-Michel puis aux Indes ?*
57. *Commentez la phrase : « Nous subissons effroyablement l'influence de ce qui nous entoure » (l. 551-552).*
58. *A quelle date notre héros rentre-t-il chez lui (l. 554-555) ? Tout va-t-il bien ?*
59. *Combien de temps ce répit dure-t-il ?*
60. *Que se passe-t-il la nuit ? Pourquoi les domestiques se disputent-ils (l. 558 à 562) ?*
61. *Comment Maupassant traduit-il l'aggravation soudaine de l'état de son personnage (l. 563 à 566) ?*
62. *Que pensez-vous des expressions : « J'ai encore froid dans les ongles... » et « j'ai encore peur jusque dans les moelles... » ? Construisez-en d'autres sur le même modèle.*
63. *A quel moment et à quel endroit l'incident se produit-il (l. 567 à 569) ? Pour quelles raisons ces circonstances ne se prêtent-elles pas — à priori — à un événement inexplicable et inquiétant ?*
64. *Résumez cet événement (l. 570 à 581).*
65. *Pourquoi le personnage pense-t-il avoir eu une hallucination (l. 579 à 581) ?*
66. *Quel détail lui fait penser qu'il n'a pas eu d'hallucination (l. 582 à 585) ?*

Left margin:

...oit à la ...oque de ...sant. Les Parisiens ...ent s'y détendre, fréquentant les buvettes et faisant du canot sur la Seine

canotiers : rameurs. Maupassant était lui-même un canotier émérite. Il passait ses heures de loisirs dans l'île de la Grenouillère où il avait l'habitude de retrouver ses amis

géant des batailles : nom d'une variété de rosier

hallucinations : perceptions et sensations de choses qui n'existent pas

imperceptible : que l'on ne peut pas percevoir

l'écueil de la folie : l'obstacle de la folie (le raisonnement ne résiste pas au contact de l'irrationnel)

bourrasques : très forts coups de vent

crevasse : fissure profonde

Mais était-ce bien une hallucination? Je me retournai pour chercher la tige, et je la retrouvai immédiatement sur l'arbuste, fraîchement brisée, entre les deux autres roses demeurées à la branche.

585 Alors, je rentrai chez moi l'âme bouleversée; car je suis certain, maintenant, certain comme de l'alternance des jours et des nuits, qu'il existe près de moi un être invisible, qui se nourrit de lait et d'eau, qui peut toucher aux choses, les
590 prendre et les changer de place, doué par conséquent d'une nature matérielle, bien qu'imperceptible* pour nos sens, et qui habite comme moi, sous mon toit...

7 août. — J'ai dormi tranquille. Il a bu l'eau de ma carafe, mais n'a point troublé mon sommeil.

595 Je me demande si je suis fou. En me promenant, tantôt au grand soleil, le long de la rivière, des doutes me sont venus sur ma raison, non point des doutes vagues comme j'en avais jusqu'ici, mais des doutes précis, absolus. J'ai vu des fous; j'en ai connu qui restaient intelligents, lucides, clairvoyants même
600 sur toutes les choses de la vie, sauf sur un point. Ils parlaient de tout avec clarté, avec souplesse, avec profondeur, et soudain leur pensée, touchant l'écueil de leur folie*, s'y déchirait en pièces, s'éparpillait et sombrait dans cet océan effrayant et furieux, plein de vagues bondissantes, de brouillards, de bour-
605 rasques*, qu'on nomme « la démence ».

Certes, je me croirais fou, absolument fou, si je n'étais conscient, si je ne connaissais parfaitement mon état, si je ne le sondais en l'analysant avec une complète lucidité. Je ne serais donc, en somme, qu'un halluciné raisonnant. Un trouble
610 inconnu se serait produit dans mon cerveau, un de ces troubles qu'essaient de noter et de préciser aujourd'hui les physiologistes; et ce trouble aurait déterminé dans mon esprit, dans l'ordre et la logique de mes idées, une crevasse* profonde. Des phénomènes semblables ont lieu dans le rêve qui nous pro-
615 mène à travers les fantasmagories les plus invraisemblables, sans que nous en soyons surpris, parce que l'appareil vérificateur, parce que le sens du contrôle est endormi; tandis que la faculté imaginative veille et travaille. Ne se peut-il pas qu'une des imperceptibles touches du clavier cérébral se trouve paraly-
620 sée chez moi? Des hommes, à la suite d'accidents, perdent la mémoire des noms propres ou des verbes ou des chiffres, ou seulement des dates. Les localisations de toutes les parcelles de la pensée sont aujourd'hui prouvées. Or, quoi d'étonnant à ce que ma faculté de contrôler l'irréalité de certaines halluci-
625 nations, se trouve engourdie chez moi en ce moment!

Je songeais à tout cela en suivant le bord de l'eau. Le soleil couvrait de clarté la rivière, faisait la terre délicieuse, emplissait mon regard d'amour pour la vie, pour les hirondelles, dont l'agilité est une joie de mes yeux, pour les herbes de
630 la rive, dont le frémissement est un bonheur de mes oreilles.

Peu à peu, cependant, un malaise inexplicable me pénétrait. Une force, me semblait-il, une force occulte m'engourdissait, m'arrêtait, m'empêchait d'aller plus loin, me rappelait en arrière. J'éprouvais ce besoin douloureux de rentrer qui
635 vous oppresse, quand on a laissé au logis un malade aimé, et que le pressentiment vous saisit d'une aggravation de son mal.

COMMENTAIRE DE TEXTE

Fou ?

I. Les personnages

1. *Qui parle ici? Le Horla? Notre héros? Un témoin de la scène de la rose?*
2. *Est-ce un dialogue ou un monologue?*
3. *Pour quelles raisons peut-on dire qu'en fait, le personnage s'adresse à la fois à l'homme sain et au fou qu'il croit être?*

II. L'histoire

1. *Pourquoi ce passage est-il primordial pour la bonne compréhension de l'histoire?*
2. *Donnez un titre à chacune des 5 parties :*
1re partie : l. 593-594
2e partie : l. 595 à 598
3e partie : l. 598 à 605
4e partie : l. 606 à 613
5e partie : l. 614 à 625

III. Le texte

1. *Quels éléments semblent indiquer que notre personnage s'est résigné à la présence du Horla (l. 593-594)?*
2. *Qu'est-ce que l'objectivité?*
3. *Pourquoi son analyse du comportement des fous est-elle bonne (l. 600 à 605)?*
4. *Quelle métaphore utilise-t-il pour décrire « la démence » (l. 598 à 605)?*
5. *Qu'est-ce qu'une métaphore filée? Pourquoi peut-on dire que de la ligne 602 à la ligne 605 la métaphore est filée?*
6. *Que pensez-vous de l'expression : « Je ne serais donc, en somme, qu'un halluciné raisonnant » (l. 608-609)?*
7. *Qu'est-ce qu'un « physiologiste » (l. 611-612)?*
8. *Que dit le personnage du rêve? êtes-vous d'accord avec cette explication (l. 613 à 618)?*
9. *Analysez l'expression les « imperceptibles touches du clavier cérébral » (l. 619).*

IV. Au-delà du texte

1. *Énumérez les éléments de ce passage prouvant que Maupassant était au fait des théories scientifiques de son époque.*

être moral : pensée, intelligence, faculté de raisonner

âme : esprit, conscience, sensibilité

adhérer : coller

parasite : qui vit aux dépens de

Donc, je revins malgré moi, sûr que j'allais trouver, dans ma maison, une mauvaise nouvelle, une lettre ou une dépêche, Il n'y avait rien ; et je demeurai plus surpris et plus inquiet 640 que si j'avais eu de nouveau quelque vision fantastique.

8 août. — J'ai passé hier une affreuse soirée. Il ne se manifeste plus, mais je le sens près de moi, m'épiant, me regardant, me pénétrant, me dominant et plus redoutable, en se cachant ainsi, que s'il signalait par des phénomènes surna-645 turels sa présence invisible et constante.

J'ai dormi, pourtant.

9 août. — Rien, mais j'ai peur.

10 août. — Rien ; qu'arrivera-t-il demain ?

11 août. — Toujours rien ; je ne puis plus rester chez moi 650 avec cette crainte et cette pensée entrées en mon âme ; je vais partir.

12 août, 10 heures du soir. — Tout le jour j'ai voulu m'en aller ; je n'ai pas pu. J'ai voulu accomplir cet acte de liberté si facile, si simple, — sortir — monter dans ma voiture pour 655 gagner Rouen — je n'ai pas pu. Pourquoi ?

13 août. — Quand on est atteint par certaines maladies, tous les ressorts de l'être physique semblent brisés, toutes les énergies anéanties, tous les muscles relâchés, les os deve-nus mous comme la chair et la chair liquide comme de l'eau. 660 J'éprouve cela dans mon être moral* d'une façon étrange et désolante. Je n'ai plus aucune force, aucun courage, aucune domination sur moi, aucun pouvoir même de mettre en mou-vement ma volonté. Je ne peux plus vouloir ; mais quelqu'un veut pour moi ; et j'obéis.

665 *14 août.* — Je suis perdu ! Quelqu'un possède mon âme* et la gouverne ! quelqu'un ordonne tous mes actes, tous mes mouvements, toutes mes pensées. Je ne suis plus rien en moi, rien qu'un spectateur esclave et terrifié de toutes les choses que j'accomplis. Je désire sortir. Je ne peux pas. Il ne veut pas ; 670 et je reste, éperdu, tremblant, dans le fauteuil où il me tient assis. Je désire seulement me lever, me soulever, afin de me croire maître de moi. Je ne peux pas ! Je suis rivé à mon siège ; et mon siège adhère* au sol, de telle sorte qu'aucune force ne nous soulèverait.

675 Puis, tout d'un coup, il faut, il faut, il faut que j'aille au fond de mon jardin cueillir des fraises et les manger. Et j'y vais. Je cueille des fraises et je les mange ! Oh ! mon Dieu ! Mon Dieu ! Mon Dieu ! Est-il un Dieu ? S'il en est un, délivrez-moi, sauvez-moi ! secourez-moi ! Pardon ! Pitié ! Grâce ! Sauvez-680 moi ! Oh ! quelle souffrance ! quelle torture ! quelle horreur !

15 août. — Certes, voilà comment était possédée et domi-née ma pauvre cousine, quand elle est venue m'emprunter cinq mille francs. Elle subissait un vouloir étranger entré en elle, comme une autre âme, comme une autre âme parasite* 685 et dominatrice. Est-ce que le monde va finir ?

67. *Avez-vous déjà cru au surnaturel ? Si oui, racontez votre expérience.*

68. *Pourquoi la soirée du 8 août est-elle si pénible (l. 641 à 646) ?*

69. *Combien Maupassant utilise-t-il de participes pré-sents dans ce passage ? Dans quel but ?*

70. *Comment traduit-il l'an-goisse de son personnage les 9 et 10 août ?*

71. *Que décide le héros le 11 août ? Combien de fois a-t-il déjà fui ?*

72. *Parvient-il à quitter sa maison (l. 652 à 655) ? Pour-quoi le fait qu'il écrive à 10 heures du soir est-il un in-dice de son désespoir ?*

73. *Comment le personnage décrit-il son abattement physi-que (l. 656 à 659) ? Pour quel-les raisons cette description est-elle particulièrement forte ?*

74. *Que pensez-vous de l'af-firmation : « Je ne peux plus vouloir » (l. 663) ? De quel nouveau mal souffre-t-il ?*

75. *Résumez ce qui est dit le 14 août (l. 665 à 680).*

76. *Donnez un titre à chacune des parties du passage de la question 89 et relevez, en com-mentant votre choix, les phra-ses qui vous paraissent les plus fortes et les plus importantes.*

77. *Pourquoi notre person-nage fait-il appel à Dieu (l. 678 à 680) ?*

78. *Comment le héros en vient-il à comparer son état à celui de sa cousine lorsqu'elle était sous l'influence de l'hypnose (l. 681 à 685) ? Analysez son raisonne-ment.*

79. *Commentez l'expression « âme parasite » (l. 684).*

80. *Que pensez-vous de la question : « Est-ce que le mon-de va finir ? » (l. 685) ?*

81. *Le personnage nomme de trois façons différentes l'être qui le persécute, lesquelles ? Montrez la progression dans le fantastique.*

inconnaissable : qui ne peut pas être connu (le mot est rare jusqu'à la fin du XIXᵉ siècle)

race surnaturelle : race au-dessus des autres

Mais celui qui me gouverne, quel est-il, cet invisible ? cet inconnaissable*, ce rôdeur d'une race surnaturelle ?*

Donc les Invisibles existent ! Alors, comment depuis l'ori-
690 gine du monde ne se sont-ils pas encore manifestés d'une façon plus précise comme ils le font pour moi ? Je n'ai jamais rien lu qui ressemble à ce qui s'est passé dans ma demeure. Oh ! si je pouvais la quitter, si je pouvais m'en aller, fuir et ne pas revenir. Je serais sauvé, mais je ne peux pas.

16 août. — J'ai pu m'échapper aujourd'hui pendant deux
695 heures, comme un prisonnier qui trouve ouverte, par hasard, la porte de son cachot. J'ai senti que j'étais libre tout à coup et qu'il était loin. J'ai ordonné d'atteler bien vite et j'ai gagné Rouen. Oh ! quelle joie de pouvoir dire à un homme qui obéit : « Allez à Rouen ! »
700 Je me suis fait arrêter devant la bibliothèque et j'ai prié qu'on me prêtât le grand traité du docteur Hermann Heres-tauss sur les habitants inconnus du monde antique et moderne.

Puis, au moment de remonter dans mon coupé, j'ai voulu dire : « A la gare ! » et j'ai crié, — je n'ai pas dit, j'ai crié —
705 d'une voix si forte que les passants se sont retournés : « A la maison », et je suis tombé, affolé d'angoisse, sur le coussin de ma voiture. Il m'avait retrouvé et repris.

17 août. — Ah ! Quelle nuit ! quelle nuit ! Et pourtant il me semble que je devrais me réjouir. Jusqu'à une heure du

82. *Pourquoi généralise-t-il l'existence des « Invisibles » (l. 688 à 693) ? Cela peut-il le rassurer ou bien au contraire l'inquiéter davantage ?*

83. *A quelle condition impérative sa sauvegarde semble-t-elle liée (l. 692-693) ?*

84. *Comment le personnage présente-t-il sa sortie jusqu'à Rouen (l. 694 à 699) ? Quelle comparaison utilise-t-il ? Relevez les termes relatifs à l'enfermement.*

85. *Comment expliquez-vous la phrase : « Oh ! quelle joie de pouvoir dire à un homme qui obéit : « Allez à Rouen ! » (l. 698-699) ?*

86. *Quel livre notre héros consulte-t-il à la bibliothèque (l. 700 à 702) ?*

87. *Comment s'appelle l'auteur de ce livre ? De quelle nationalité est-il selon vous ?*

88. *Qu'arrive-t-il au personnage à son retour (l. 703 à 707) ?*

Le Horla : *première et deuxième version*

Il existe deux versions du *Horla* : celle que vous venez de lire et une autre, beaucoup plus courte, représentant un tiers seulement de son volume. La première date d'octobre 1886, la seconde de mai 1887. La première ne se présente pas sous la forme d'un journal mais sous la forme d'un récit, celui d'un homme interné. Maupassant publie cette première version dans le *Gil Blas*.
La nouvelle se présente donc de façon un peu différente : un éminent médecin spécialiste des maladies mentales présente à ses collègues l'un de ses patients qui se met à leur raconter son histoire.
« J'ai quarante-deux ans. Je ne suis pas marié, ma fortune est suffisante pour vivre avec un certain luxe. Donc j'habitais une propriété sur les bords de la Seine, à Biessard, auprès de Rouen. J'aime la chasse et la pêche. Or j'avais derrière moi, au-dessus des grands rochers qui dominaient ma maison, une des plus belles forêts de France, celle de Roumare, et devant moi un des plus beaux fleuves du monde.
Ma demeure est vaste, peinte en blanc à l'extérieur, jolie, ancienne, au milieu d'un grand jardin planté d'arbres magnifi-ques et qui monte jusqu'à la forêt, en escaladant les énormes rochers dont je vous parlais tout à l'heure.
Mon personnel se compose, ou plutôt se composait d'un cocher, un jardinier, un valet de chambre, une cuisinière et une lingère qui était en même temps une espèce de femme de charge. Tout ce monde habitait chez moi depuis dix à seize ans, me connaissait, connaissait ma demeure, le pays, tout l'entourage de ma vie. C'étaient de bons et tranquilles servi-teurs. Cela importe pour ce que je vais dire.
J'ajoute que la Seine, qui longe mon jardin, est navigable jus-qu'à Rouen, comme vous le savez sans doute ; et que je voyais passer chaque jour de grands navires soit à voiles, soit à vapeur, venant de tous les coins du monde.

Donc, il y a eu un an l'automne dernier, je fus pris tout à coup de malaises bizarres et inexplicables. Ce fut d'abord une sorte d'inquiétude nerveuse qui me tenait en éveil des nuits entières, une telle surexcitation que le moindre bruit me fai-sait tressaillir. Mon humeur s'aigrit. J'avais des colères subi-tes inexplicables. J'appelai un médecin qui m'ordonna du bro-mure de potassium et des douches.
Je me fis donc doucher matin et soir, et je me mis à boire du bromure. Bientôt, en effet, je recommençai à dormir, mais d'un sommeil plus affreux que l'insomnie. A peine couché, je fermais les yeux et m'anéantissais. Oui, je tombais dans le néant, dans un néant absolu, dans une mort de l'être entier dont j'étais tiré brusquement, horriblement par l'épouvantable sensation d'un poids écrasant sur ma poitrine, et d'une bouche qui mangeait ma vie, sur ma bouche. Oh ! ces secousses-là ! je ne sais rien de plus épouvantable.
Figurez-vous un homme qui dort, qu'on assassine, et qui se réveille avec un couteau dans la gorge ; et qui râle couvert de sang, et qui ne peut plus respirer, et qui va mourir, et qui ne comprend pas — voilà !
Je maigrissais d'une façon inquiétante, continue ; et je m'aper-çus soudain que mon cocher, qui était fort gros, commençait à maigrir comme moi.
Je lui demandai enfin :
« Qu'avez-vous donc, Jean ? Vous êtes malade. »
Il répondit :
« Je crois bien que j'ai gagné la même maladie que monsieur. C'est mes nuits qui perdent mes jours. »

● *Comparer ce texte à celui qui lui correspond dans la seconde version.*

théogonie : science expliquant la naissance des dieux

710 matin, j'ai lu ! Hermann Herestauss, docteur en philosophie et en théogonie*, a écrit l'histoire et les manifestations de tous les êtres invisibles rôdant autour de l'homme ou rêvés par lui. Il décrit leurs origines, leur domaine, leur puissance. Mais aucun d'eux ne ressemble à celui qui me hante. On dirait que
715 l'homme, depuis qu'il pense, a pressenti et redouté un être nouveau, plus fort que lui, son successeur en ce monde, et que, le sentant proche et ne pouvant prévoir la nature de ce maître, il a créé, dans sa terreur, tout le peuple fantastique des êtres occultes, fantômes vagues nés de la peur.

720 Donc, ayant lu jusqu'à une heure du matin, j'ai été m'asseoir ensuite auprès de ma fenêtre ouverte pour rafraîchir mon front et ma pensée au vent calme de l'obscurité.

Il faisait bon, il faisait tiède ! Comme j'aurais aimé cette nuit-là autrefois !

725 Pas de lune. Les étoiles avaient au fond du ciel noir des scintillements frémissants. Qui habite ces mondes ? Quelles formes, quels vivants, quels animaux, quelles plantes sont là-bas ? Ceux qui pensent dans ces univers lointains, que savent-ils plus que nous ? Que peuvent-ils plus que nous ? Que voient-
730 ils que nous ne connaissons point ? Un d'eux, un jour ou l'autre, traversant l'espace, n'apparaîtra-t-il pas sur notre terre pour la conquérir, comme les Normands jadis traversaient la mer pour asservir des peuples plus faibles ?

Nous sommes si infirmes, si désarmés, si ignorants, si
735 petits, nous autres, sur ce grain de boue qui tourne délayé dans une goutte d'eau.

Je m'assoupis en rêvant ainsi au vent frais du soir.

Or, ayant dormi environ quarante minutes, je rouvris les yeux sans faire un mouvement, réveillé par je ne sais quelle
740 émotion confuse et bizarre. Je ne vis rien d'abord, puis, tout à coup, il me sembla qu'une page du livre resté ouvert sur ma table venait de tourner toute seule. Aucun souffle d'air n'était entré par ma fenêtre. Je fus surpris et j'attendis. Au bout de quatre minutes environ, je vis, je vis, oui, je vis de mes yeux
745 une autre page se soulever et se rabattre sur la précédente, comme si un doigt l'eût feuilletée. Mon fauteuil était vide, semblait vide ; mais je compris qu'il était là, lui, assis à ma place, et qu'il lisait. D'un bond furieux, d'un bond de bête révoltée, qui va éventrer son dompteur, je traversai ma
750 chambre pour le saisir, pour l'étreindre, pour le tuer !... Mais mon siège, avant que je l'eusse atteint, se renversa comme si on eût fui devant moi... ma table oscilla, ma lampe tomba et s'éteignit, et ma fenêtre se ferma comme si un malfaiteur surpris se fût élancé dans la nuit, en prenant à pleines mains
755 les battants.

Donc, il s'était sauvé ; il avait eu peur, peur de moi, lui !

Alors... alors... demain... ou après... ou un jour quelconque, je pourrai donc le tenir sous mes poings, et l'écraser contre le sol ! Est-ce que les chiens, quelquefois, ne mordent
760 point et n'étranglent pas leurs maîtres ?

18 août. — J'ai songé toute la journée. Oh ! oui, je vais lui obéir, suivre ses impulsions, accomplir toutes ses volontés, me faire humble, soumis, lâche. Il est le plus fort. Mais une heure viendra...

Illustration de 1903 pour Le Horla.

89. *A quelle heure le personnage arrête-t-il de lire (l. 720) ?*

90. *Quel besoin éprouve-t-il (l. 720 à 724) ? Pourquoi ne profite-t-il pas vraiment de la sérénité du moment ?*

91. *A quoi pense le héros en contemplant le ciel (l. 725 à 733) ?*

92. *Pourquoi ce passage se compose-t-il presque exclusivement de questions ?*

93. *Qui sont les Normands dont on parle (l. 732-733) ?*

94. *Commentez la phrase : « Nous sommes si infirmes, si désarmés, si ignorants, si petits, nous autres, sur ce grain de boue qui tourne délayé dans une goutte d'eau » (l. 734 à 736). Que désigne l'expression « grain de boue » ?*

95. *Résumez l'action des lignes 737 à 755. Comment la relation du personnage et de son fantôme évolue-t-elle ?*

96. *Quelles nouvelles perspectives s'ouvrent à notre héros (l. 756 à 760) ? Pourquoi se réjouit-il ?*

97. *Que pensez-vous de la comparaison avec les chiens : « Est-ce que les chiens, quelquefois, ne mordent point et n'étranglent pas leurs maître ? » (l. 759-760) ?*

98. *Le personnage est-il toujours dans les mêmes dispositions d'esprit le 18 août (l. 761 à 764) ? Comment expliquez-vous cette métamorphose ?*

99. *Relevez les verbes et adjectifs marquant la soumission du héros vis à vis du Horla (l. 761 à 764). Qu'a voulu traduire ici Maupassant ?*

100. *Quelle découverte notre héros fait-il dans la* Revue du Monde Scientifique *(l. 765 à 775) ?*

101. *Pour quelle raison ces informations ne semblent-elles pas devoir être remises en cause ?*

102. *Où ces phénomènes étranges se sont-ils produits (l. 766 à 770) ?*

103. *Quelles ressemblances les fantômes brésiliens présentent-ils avec le fantôme français ?*

104. *Qui est Don Pedro Henriquez (l. 777) ? A qui est-il chargé de faire un rapport ? Pourquoi ce détail indique-t-il que la situation est sérieuse ?*

Rio de Janeiro : capitale du Brésil

tangibles : qui existent, que l'on touche

trois-mâts : gros voilier

exorciser : chasser les démons (à l'aide de cérémonies religieuses)

farfadets : petits lutins

765 *19 août.* — Je sais... je sais... je sais tout ! Je viens de lire ceci dans la *Revue du Monde scientifique* : « Une nouvelle assez curieuse nous arrive de Rio de Janeiro*. Une folie, une épidémie de folie, comparable aux démences contagieuses qui atteignirent les peuples d'Europe au Moyen Age, sévit en ce
770 moment dans la province de San-Paulo. Les habitants éperdus quittent leurs maisons, désertent leurs villages, abandonnent leurs cultures, se disant poursuivis, possédés, gouvernés comme un bétail humain par des êtres invisibles bien que tangibles*, des sortes de vampires qui se nourrissent de leur vie,
775 pendant leur sommeil, et qui boivent en outre de l'eau et du lait sans paraître toucher à aucun autre aliment.

« M. le professeur Don Pedro Henriquez, accompagné de plusieurs savants médecins, est parti pour la province de San-Paulo, afin d'étudier sur place les origines et les manifesta-
780 tions de cette surprenante folie, et de proposer à l'Empereur les mesures qui lui paraîtront les plus propres à rappeler à la raison ces populations en délire. »

Ah ! Ah ! je me rappelle, je me rappelle le beau trois-mâts* brésilien qui passa sous mes fenêtres en remontant la Seine,
785 le 8 mai dernier ! Je le trouvai si joli, si blanc, si gai ! L'Être était dessus, venant de là-bas, où sa race est née ! Et il m'a vu ! Il a vu ma demeure blanche aussi ; et il a sauté du navire sur la rive. Oh ! mon Dieu !

A présent, je sais, je devine. Le règne de l'homme est fini.
790 Il est venu, Celui que redoutaient les premières terreurs des peuples naïfs, Celui qu'exorcisaient* les prêtres inquiets, que les sorciers évoquaient par les nuits sombres, sans le voir apparaître encore, à qui les pressentiments des maîtres passagers du monde prêtèrent toutes les formes monstrueuses ou
795 gracieuses des gnomes, des esprits, des génies, des fées, des farfadets*. Après les grossières conceptions de l'épouvante primitive, des hommes plus perspicaces l'ont pressenti plus clairement. Mesmer l'avait deviné et les médecins, depuis dix ans déjà, ont découvert, d'une façon précise, la nature de sa puis-
800 sance avant qu'il l'eût exercée lui-même. Ils ont joué avec cette arme du Seigneur nouveau, la domination d'un mystérieux vouloir sur l'âme humaine devenue esclave. Ils ont appelé cela magnétisme, hypnotisme, suggestion... que sais-je ? Je les ai vus s'amuser comme des enfants imprudents
805 avec cette horrible puissance ! Malheur à nous ! Malheur à l'homme ! Il est venu, le... le... comment se nomme-t-il... le... il semble qu'il me crie son nom, et je ne l'entends pas... le... oui... il le crie... J'écoute... je ne peux pas... répète... le... Horla... J'ai entendu... le Horla... c'est lui... le Horla... il
810 est venu !...

Ah ! le vautour a mangé la colombe ; le loup a mangé le mouton ; le lion a dévoré le buffle aux cornes aiguës ; l'homme a tué le lion avec la flèche, avec le glaive, avec la poudre ; mais le Horla va faire de l'homme ce que nous avons fait du che-
815 val et du bœuf : sa chose, son serviteur et sa nourriture, par la seule puissance de sa volonté. Malheur à nous !

Pourtant, l'animal, quelquefois, se révolte et tue celui qui l'a dompté... moi aussi je veux... je pourrai... mais il faut le connaître, le toucher, le voir ! Les savants disent que l'œil
820 de la bête, différent du nôtre, ne distingue point comme le

COMMENTAIRE DE TEXTE

« Le règne de l'homme est fini »

I. L'histoire

1. *Donnez un titre à chacune des parties :*
1re partie : l. 789
2e partie : l. 790 à 796
3e partie : l. 796 à 805
4e partie : l. 806 à 810

II. Le texte

1. *Analysez la déclaration de la ligne 789 : « Le règne de l'homme est fini. » Pourquoi traduit-elle un changement irréversible chez le personnage ?*
2. *Dans quel but Maupassant écrit-il « Celui » avec une majuscule (l. 790-791) ?*
3. *Pourquoi fait-il allusion aux prêtres et aux sorciers (l. 791-792) ?*
4. *Que signifie l'expression « les maîtres passagers du monde » (l. 793-794) ?*
5. *Combien d'êtres fantastiques Maupassant énumère-t-il ici (l. 795-796) ?*
6. *Que pensez-vous de la formule : « les grossières conceptions de l'épouvante primitive » (l. 796-797) ?*
7. *Qui est le Mesmer dont Maupassant parle (l. 798) ?*
8. *Pourquoi utilise-t-il à nouveau la caution des médecins (l. 798 à 804) ?*
9. *Comment l'auteur traduit-il la surexcitation et la peur de son héros (l. 805 à 810) ?*
10. *Est-ce la première fois que le mot « Horla » (l. 809) apparaît dans la nouvelle ?*
11. *Qu'est-ce qu'un prophète ? Pourquoi peut-on dire que le personnage se prend ici pour une sorte de prophète (l. 805 à 810) ? Pourquoi tutoie-t-il le fantôme ?*

III. Au-delà du texte

1. *Comment imaginez-vous le Horla ? Dessinez-le.*
2. *Ce thème de l'être venu d'ailleurs est un thème classique de la littérature fantastique et de la science-fiction. Citez les titres de trois romans, nouvelles ou films mettant en scène des personnages venus de l'inconnu.*

glace sans tain : miroir transparent comme du verre

putréfactions : pourrissements

nôtre... Et mon œil à moi ne peut distinguer le nouveau venu qui m'opprime.

Pourquoi ? Oh ! je me rappelle à présent les paroles du moine du mont Saint-Michel : « Est-ce que nous voyons la cent
825 millième partie de ce qui existe ? Tenez, voici le vent qui est la plus grande force de la nature, qui renverse les hommes, abat les édifices, déracine les arbres, soulève la mer en montagnes d'eau, détruit les falaises et jette aux brisants les grands navires, le vent qui tue, qui siffle, qui gémit, qui mugit, l'avez-
830 vous vu et pouvez-vous le voir : il existe pourtant ! »

Et je songeais encore : mon œil est si faible, si imparfait, qu'il ne distingue même point les corps durs, s'ils sont transparents comme le verre !... Qu'une glace sans tain* barre mon chemin, il me jette dessus comme l'oiseau entré dans une
835 chambre se casse la tête aux vitres. Mille choses en outre le trompent et l'égarent ? Quoi d'étonnant, alors, à ce qu'il ne sache point apercevoir un corps nouveau que la lumière traverse.

Un être nouveau ! pourquoi pas ? Il devait venir assuré-
840 ment ! pourquoi serions-nous les derniers ! Nous ne le distinguons point, ainsi que tous les autres créés avant nous ? C'est que sa nature est plus parfaite, son corps plus fin et plus fini que le nôtre, que le nôtre si faible, si maladroitement conçu, encombré d'organes toujours fatigués, toujours forcés comme
845 des ressorts trop complexes, que le nôtre, qui vit comme une plante et comme une bête, en se nourrissant péniblement d'air, d'herbe et de viande, machine animale en proie aux maladies, aux déformations, aux putréfactions*, poussive, mal réglée, naïve et bizarre, ingénieusement mal faite, œuvre gros-
850 sière et délicate, ébauche d'être qui pourrait devenir intelligent et superbe.

(annotation manuscrite en marge : Microbes)

105. *Pourquoi le héros fait-il allusion au moine du mont Saint-Michel (l. 823 à 830) ?*
106. *Dans quel but compare-t-il le Horla au vent ? Quels exemples cite-t-il pour appuyer son raisonnement ?*
107. *L'œil de l'homme est-il parfait ? Quel exemple concret le héros donne-t-il (l. 831 à 838) ? Quel est le rapport avec le Horla ?*
108. *Que pensez-vous de ces propos : « Un être nouveau ! pourquoi pas ? Il devait venir assurément ! Pourquoi serions-nous les derniers ! Nous ne le distinguons point, ainsi que tous les autres créés avant nous » (l. 839 à 841) ? Pourquoi cette idée ne paraît-elle pas invraisemblable ?*
109. *Commentez les propos du personnage à propos du corps humain (l. 841 à 851) ; relevez les termes les plus forts.*
110. *Analysez la phrase : « Nous sommes quelques-uns, si peu sur ce monde depuis l'huître jusqu'à l'homme » (l. 852-853).*
111. *Quelle théorie Maupassant expose-t-il ici (l. 853 à 855) ? Commentez-la en vous appuyant sur des exemples précis (espèces d'animaux préhistoriques, etc. ayant disparues ou s'étant modifiées).*

Le Horla, *première version*

« Donc, Messieurs, un Être, un Être nouveau, qui sans doute se multipliera bientôt comme nous nous sommes multipliés, vient d'apparaître sur la terre.

Ah ! vous souriez ! Pourquoi ? parce que cet Être demeure invisible. Mais notre œil, Messieurs, est un organe tellement élémentaire qu'il peut distinguer à peine ce qui est indispensable à notre existence. Ce qui est trop petit lui échappe, ce qui est trop grand lui échappe, ce qui est trop loin lui échappe. Il ignore les milliards de petites bêtes qui vivent dans une goutte d'eau. Il ignore les habitants, les plantes et le sol des étoiles voisines ; il ne voit pas même le transparent.

Placez devant lui une glace sans tain parfaite, il ne se distinguera pas et nous jettera dessus, comme l'oiseau pris dans une maison qui se casse la tête aux vitres. Donc, il ne voit pas les corps solides et transparents qui existent pourtant ; il ne voit pas l'air dont nous nous nourrissons, ne voit pas le vent qui est la plus grande force de la nature, qui renverse les hommes, abat les édifices, déracine les arbres, soulève la mer en montagnes d'eau qui font crouler les falaises de granit.

Quoi d'étonnant à ce qu'il ne voie pas un corps nouveau, à qui manque sans doute la seule propriété d'arrêter les rayons lumineux.

Apercevez-vous l'électricité ? Et cependant elle existe !

Cet être, que j'ai nommé le Horla, existe aussi.

Qui est-ce ? Messieurs, c'est celui que la terre attend, après l'homme ! Celui qui vient nous détrôner, nous asservir, nous dompter, et se nourrir de nous peut-être, comme nous nous nourrissons des bœufs et des sangliers.

Depuis des siècles, on le pressent, on le redoute et on l'annonce ! La peur de l'Invisible a toujours hanté nos pères. Il est venu.

Toutes les légendes des fées, des gnomes, des rôdeurs de l'air insaisissables et malfaisants, c'était de lui qu'elles parlaient, de lui pressenti par l'homme inquiet et tremblant déjà.

Et tout ce que vous faites vous-mêmes, Messieurs, depuis quelques ans, ce que vous appelez l'hypnotisme, la suggestion, le magnétisme — c'est lui que vous annoncez, que vous prophétisez ! »

● *Comparer les textes de la première et seconde version.*

huître : coquillage

surexcités : agités,
sensibilisés, tendus

Nous sommes quelques-uns, si peu sur ce monde, depuis l'huître* jusqu'à l'homme. Pourquoi pas un de plus, une fois accomplie la période qui sépare les apparitions successives de
855 toutes les espèces diverses ?

Pourquoi pas un de plus ? Pourquoi pas aussi d'autres arbres aux fleurs immenses, éclatantes et parfumant des régions entières ? Pourquoi pas d'autres éléments que le feu, l'air, la terre et l'eau ? — Ils sont quatre, rien que quatre, ces
860 pères nourriciers des êtres ! Quelle pitié ! Pourquoi ne sont-ils pas quarante, quatre cents, quatre mille ! Comme tout est pauvre, mesquin, misérable ! avarement donné, sèchement inventé, lourdement fait !

Ah ! l'éléphant, l'hippopotame, que de grâce ! Le cha-
865 meau, que d'élégance !

Mais direz-vous, le papillon ! une fleur qui vole ! J'en rêve un qui serait grand comme cent univers, avec des ailes dont je ne puis même exprimer la forme, la beauté, la couleur et le mouvement. Mais je le vois... il va d'étoile en étoile, les
870 rafraîchissant et les embaumant au souffle harmonieux et léger de sa course !... Et les peuples de là-haut le regardent passer, extasiés et ravis !...

. . . .

Qu'ai-je donc ? C'est lui, lui, le Horla, qui me hante, qui me fait penser ces folies ! Il est en moi, il devient mon âme ; je
875 le tuerai !

19 août. — Je le tuerai. Je l'ai vu ! je me suis assis hier soir, à ma table ; et je fis semblant d'écrire avec une grande attention. Je savais bien qu'il viendrait rôder autour de moi, tout près, si près que je pourrais peut-être le toucher, le saisir ?
880 Et alors !... alors, j'aurais la force des désespérés ; j'aurais mes mains, mes genoux, ma poitrine, mon front, mes dents pour l'étrangler, l'écraser, le mordre, le déchirer.

Et je le guettais avec tous mes organes surexcités*.

J'avais allumé mes deux lampes et les huit bougies de ma
885 cheminée, comme si j'eusse pu, dans cette clarté, le découvrir.

En face de moi, mon lit, un vieux lit de chêne à colonnes ; à droite, ma cheminée ; à gauche, ma porte fermée avec soin, après l'avoir laissée longtemps ouverte, afin de l'attirer ; derrière moi, une très haute armoire à glace, qui me servait
890 chaque jour pour me raser, pour m'habiller, et où j'avais coutume de me regarder, de la tête aux pieds, chaque fois que je passais devant.

Donc, je faisais semblant d'écrire, pour le tromper, car il m'épiait lui aussi ; et soudain, je sentis, je fus certain qu'il lisait
895 par-dessus mon épaule, qu'il était là, frôlant mon oreille.

Je me dressai, les mains tendues, en me tournant si vite que je faillis tomber. Eh bien ?... on y voyait comme en plein jour, et je ne me vis pas dans ma glace !... Elle était vide, claire profonde, pleine de lumière ! Mon image n'était pas dedans...
900 et j'étais en face, moi ! Je voyais le grand verre limpide du haut en bas. Et je regardais cela avec des yeux affolés ; et je n'osais plus avancer, je n'osais plus faire un mouvement, sentant bien pourtant qu'il était là, mais qu'il m'échapperait encore, lui dont le corps imperceptible avait dévoré mon reflet.

112. *Quels sont les « pères nourriciers des êtres »* (l. 856 à 863) ?
113. *Pourquoi la phrase suivante* (l. 864-865) *est-elle comique ? Le personnage est-il sérieux ou plaisante-t-il ?*
114. *Pourquoi pouvez-vous dire que les propos sur le papillon sont délirants* (l. 866 à 872) ? *Commentez votre réponse à l'aide d'exemples précis.*
115. *Le personnage prend-il conscience du fait qu'il divague ? Relevez les phrases qui vous l'indiquent. Que signale la ligne de points ?*
116. *Commentez la violence animale de ces propos : « (...) j'aurais mes mains, mes genoux, ma poitrine, mon front, mes dents pour l'étrangler, l'écraser, le mordre, le déchirer. » ; dans quel but ces termes ont-ils été choisis par l'auteur ?*
117. *A quel animal le héros est-il comparé à la ligne 883 ?*
118. *Fait-il clair dans la pièce* (l. 884-885). *Pourquoi ?*
119. *Comment le personnage piège-t-il son fantôme* (l. 886 à 904) ?
120. *Par quel moyen a-t-il l'assurance que le Horla est bien entré* (l. 896 à 900) ?
121. *Que pensez-vous de l'idée émise dans le premier paragraphe de cette page ? Croyez-vous comme le personnage que « tout est pauvre, mesquin, misérable (!) avarement donné, sèchement inventé, lourdement fait » ?*

éclipse : passage d'un astre devant un autre (lune passant entre le Soleil et la Terre...)

contours : bords, limites, formes

opaque : qui ne laisse pas passer la lumière

imperceptible : que l'on ne peut pas percevoir, qui est transparent

persiennes de fer : volets en fer

cadenas : serrure rapportée

linteau : pièce (de bois ou de métal) située au-dessus d'une porte

905   Comme j'eus peur ! Puis voilà que tout à coup je commençai à m'apercevoir dans une brume, au fond du miroir, dans une brume comme à travers une nappe d'eau ; et il me semblait que cette eau glissait de gauche à droite, lentement, rendant plus précise mon image, de seconde en seconde. C'était

910 comme la fin d'une éclipse*. Ce qui me cachait ne paraissait point posséder de contours* nettement arrêtés, mais une sorte de transparence opaque*, s'éclaircissant peu à peu.

    Je pus enfin me distinguer complètement, ainsi que je le fais chaque jour en me regardant.

915   Je l'avais vu ! L'épouvante m'en est restée, qui me fait encore frissonner.

20 août. — Le tuer, comment ? puisque je ne peux l'atteindre ? Le poison ? mais il me verrait le mêler à l'eau ; et nos poisons, d'ailleurs, auraient-ils un effet sur son corps

920 imperceptible* ? Non... non... sans aucun doute... Alors ?... alors... ?

21 août. — J'ai fait venir un serrurier de Rouen, et lui ai commandé pour ma chambre des persiennes de fer*, comme en ont, à Paris, certains hôtels particuliers, au rez-de-chaussée,

925 par crainte des voleurs. Il me fera, en outre, une porte pareille. Je me suis donné pour un poltron, mais je m'en moque !...

. . . .

10 septembre. — Rouen, hôtel Continental. C'est fait... c'est fait... mais est-il mort ? J'ai l'âme bouleversée de ce que j'ai vu.

930   Hier donc, le serrurier ayant posé ma persienne et ma porte de fer, j'ai laissé tout ouvert jusqu'à minuit, bien qu'il commençât à faire froid.

    Tout à coup, j'ai senti qu'il était là, et une joie, une joie folle m'a saisi. Je me suis levé lentement, et j'ai marché à

935 droite, à gauche, longtemps pour qu'il ne devinât rien ; puis j'ai ôté mes bottines et mis mes savates avec négligence ; puis j'ai fermé ma persienne de fer, et revenant à pas tranquilles vers la porte, j'ai fermé la porte aussi à double tour. Retournant alors vers la fenêtre, je la fixai par un cadenas*, dont je

940 mis la clef dans ma poche.

    Tout à coup, je compris qu'il s'agitait autour de moi, qu'il avait peur à son tour, qu'il m'ordonnait de lui ouvrir. Je faillis céder ; je ne cédai pas, mais m'adossant à la porte, je l'entrebâillai, tout juste assez pour passer, moi, à reculons ; et comme

945 je suis très grand ma tête touchait au linteau*. J'étais sûr qu'il n'avait pu s'échapper et je l'enfermai, tout seul, tout seul. Quelle joie ! Je le tenais ! Alors, je descendis, en courant ; je pris dans mon salon, sous ma chambre, mes deux lampes et je renversai toute l'huile sur le tapis, sur les meubles, partout ;

950 puis j'y mis le feu, et je me sauvai, après avoir bien refermé, à double tour, la grande porte d'entrée.

    Et j'allai me cacher au fond de mon jardin, dans un massif de lauriers. Comme ce fut long ! comme ce fut long ! Tout était noir, muet, immobile ; pas un souffle d'air, pas une

955 étoile, des montagnes de nuages qu'on ne voyait point, mais qui pesaient sur mon âme si lourds, si lourds.

122. *Quand le héros dit : « Je l'avais vu ! » (l. 915), l'a-t-il vu réellement ? Que s'est-il passé exactement (l. 905 à 912) ?*

123. *Quelle nouvelle étape franchit-il ensuite (l. 917 à 921) ? Que pensez-vous de cette décision ?*

124. *Dans quel but fait-il venir un serrurier (l. 922 à 926) ?*

125. *Où se trouve le personnage le 10 septembre (l. 927) ?*

126. *Le récit qui suit raconte-t-il les événements du 10 septembre ? Pourquoi ? Comment appelle-t-on ce procédé ?*

127. *En quoi consiste le second piège (l. 930 à 940) ?*

128. *Le personnage a-t-il l'impression d'avoir réussi (l. 941 à 951) ? Relevez les termes qui vous l'indiquent.*

129. *Pourquoi va-t-il ensuite se cacher au fond de son jardin (l. 952 à 956) ? Qu'attend-il ? S'impatiente-t-il ? Ce comportement vous paraît-il normal ? Pour quelles raisons ?*

baiser : embrasser

brasier : grand feu

mansardes : chambres sous les toits

fournaise : intense chaleur

Je regardais ma maison, et j'attendais. Comme ce fut long ! Je croyais déjà que le feu s'était éteint tout seul, ou qu'il l'avait éteint, Lui, quand une des fenêtres d'en bas creva sous
960 la poussée de l'incendie, et une flamme, une grande flamme rouge et jaune, longue, molle, caressante, monta le long du mur blanc et le baisa* jusqu'au toit. Une lueur courut dans les arbres, dans les branches, dans les feuilles, et un frisson, un frisson de peur aussi. Les oiseaux se réveillaient ; un chien se
965 mit à hurler ; il me sembla que le jour se levait ! Deux autres fenêtres éclatèrent aussitôt, et je vis que tout le bas de ma demeure n'était plus qu'un effrayant brasier*. Mais un cri, un cri horrible, suraigu, déchirant, un cri de femme passa dans la nuit, et deux mansardes* s'ouvrirent ! J'avais oublié mes
970 domestiques ! Je vis leurs faces affolées, et leurs bras qui s'agitaient !...

Alors, éperdu d'horreur, je me mis à courir vers le village en hurlant : « Au secours ! au secours, au feu ! au feu ! » Je rencontrai des gens qui s'en venaient déjà et je retournai avec
975 eux, pour voir !

La maison, maintenant, n'était plus qu'un bûcher horrible et magnifique, un bûcher monstrueux, éclairant toute la terre, un bûcher où brûlaient des hommes, et où il brûlait aussi, Lui, Lui, mon prisonnier, l'Être nouveau, le nouveau
980 maître, le Horla !

Soudain le toit tout entier s'engloutit entre les murs, et un volcan de flammes jaillit jusqu'au ciel. Par toutes les fenêtres ouvertes sur la fournaise*, je voyais la cuve de feu, et je pensais qu'il était là, dans ce four, mort...
985 « Mort ? Peut-être ?... Son corps ? son corps que le jour traversait n'était-il pas indestructible par les moyens qui tuent les nôtres ?

« S'il n'était pas mort ?... seul peut-être le temps a prise sur l'Être Invisible et Redoutable. Pourquoi ce corps transparent,
990 ce corps inconnaissable, ce corps d'Esprit, s'il devait craindre, lui aussi, les maux, les blessures, les infirmités, la destruction prématurée ?

« La destruction prématurée ? toute l'épouvante humaine vient d'elle ! Après l'homme, le Horla. — Après celui qui peut
995 mourir tous les jours, à toutes les heures, à toutes les minutes, par tous les accidents, est venu celui qui ne doit mourir qu'à son jour, à son heure, à sa minute, parce qu'il a touché la limite de son existence !

« Non... non... sans aucun doute, sans aucun doute... il
1000 n'est pas mort... Alors... alors... il va donc falloir que je me tue, moi !... »

130. *Qu'a-t-il fait (l. 957 à 964) ? Dans quel but ? Que pensez-vous de cette solution ?*

131. *Quel terrible oubli a-t-il commis (l. 967 à 971) ? Montrez combien ce « détail » nous éclaire un peu plus sur sa perte des réalités et sur sa fixation.*

132. *Par quel procédé Maupassant nous fait-il croire un moment que c'est le Horla qui crie ?*

133. *Quelle réaction le personnage a-t-il lorsqu'il comprend qu'il a enfermé ses domestiques dans la maison en feu (l. 972 à 975) ?*

134. *Commentez l'ambiguïté du paragraphe suivant (l. 976 à 980).*

135. *Comment vient-il à douter de la mort du Horla (l. 985 à 992) ?*

136. *Quels nouveaux noms donne-t-il à son fantôme (l. 989-990) ? Pourquoi est-ce symbolique de la gravité de son état ?*

137. *Comment conclut-il son raisonnement ? Quelle est la différence fondamentale entre l'homme et le Horla (l. 993 à 998) ?*

138. *Pourquoi le héros n'est-il pas emprisonné à la suite de l'incendie ? Sa folie n'apparaît pas aux autres et l'affaire n'est pas saisie par la justice. Pourquoi cependant est-il condamné, définitivement perdu ? Quelle est l'unique alternative à ses yeux (l. 999 à 1001) ? Qu'en pensez-vous ? Qu'auriez-vous imaginé comme fin ?*

Illustration de 1903 pour Le Horla.

SYNTHÈSE Le Horla

« Ai-je perdu la raison ? »

I. Quelques repères

1. Où se déroule cette histoire ? A quelle époque ?

2. Sous quelle forme particulière cette nouvelle se présente-t-elle ? Combien de jours sont ainsi racontés ?

3. Énumérez les différents personnages apparaissant successivement au cours du récit puis classez-les selon leur importance.

4. Pourquoi le personnage principal, le narrateur, n'est-il jamais nommé ? Cet homme vit-il seul ?

5. Est-il pauvre, aisé, riche ? Quel âge a-t-il selon vous ?

II. L'action

1. Quelle est la toute première phrase de la nouvelle ?

2. Et la dernière ? Qu'en déduisez-vous ?

3. Les jours sur lesquels il n'écrit que quelques lignes sont-ils des jours « sans histoires », dont il n'y a rien à dire ?

4. Combien de fois le personnage s'enfuit-il ? Vers quelles destinations ? Reste-t-il longtemps absent ?

5. Que fait-il à Paris du 12 au 14 juillet ?

6. Qui est Mme Sablé ?

7. Quel jour la nouvelle s'arrête-t-elle ? En combien de temps le héros a-t-il donc perdu la raison ?

III. Le fantastique

1. Comment Maupassant introduit-il, dès la première page, une dimension fantastique ?

2. Le fait que le personnage se sente malade mais ne puisse pas déterminer la cause de son mal est-il important ?

3. Quand le Horla se manifeste-t-il pour la première fois ? Sous quelle forme ?

4. Racontez la légende du Mont-Saint-Michel *(p. 11)*. Quels sont les éléments appartenant au fantastique ?

5. Qui sont les deux personnages de cette légende ? Connaissez-vous un personnage légendaire ayant un buste d'homme mais des pattes et des cornes de bouc ?

6. Quand le héros commence-t-il à s'enfermer à double-tour ? Racontez son second cauchemar (5 juillet).

7. Quand le Horla boit-il l'eau de la carafe pour la première fois ?

8. Quand le héros parle-t-il de folie pour la première fois ? Sa réaction est-elle normale ? Comment auriez-vous réagi à sa place ?

9. Racontez l'expérience faite chez Mme Sablé.

10. Que pensez-vous de l'épisode du « géant des batailles » *(p. 18)* ?

IV. Thèmes et style

1. Relevez les passages où il est question de l'eau. Q[uel] rôle joue-t-elle ici ?

2. Et que pensez-vous du thème du feu ? Que symbol[ise]-t-il dans cette nouvelle ?

3. Pourquoi tout ce qui vient de pays très éloignés (ic[i le] Brésil) a-t-il une connotation d'emblée mystérieus[e et] inquiétante dans un contexte fantastique ?

4. Qu'est-ce qu'une fantasmagorie ?

5. A qui s'applique le terme d'« halluciné raisonna[ble] » *(p. 19)* ? Pourquoi est-ce là une bonne définiti[on ?] Inventez d'autres expressions basées sur le mê[me] principe.

V. Sujets de recherche

1. Connaissez-vous des légendes fantastiques com[me] celle du Mont-Saint-Michel ? Si oui, faites-en le ré[cit ?]

2. Vous vous souvenez certainement de cauchemars [que] vous avez pu faire. Racontez-les.

« Le Horla », gravure de G. Lemoine.

La Main d'écorché

punch : boisson à base de rhum

joyeusetés : plaisanteries

Tu viens (...) de mettre ta montre chez ma tante : tu viens de mettre ta montre au mont-de-piété ; expression ironique visant à dénoncer ceux qui ont recours à leur famille

se griser : se saoûler

main d'écorché : main d'un homme écorché, auquel on a enlevé la peau

peau parcheminée : peau à l'aspect d'un parchemin, fine et plissée

lieue : mesure de distance de l'époque, équivalant à quatre kilomètres environ

défroques : guenilles

sabbat : rassemblement de sorciers et de sorcières (croyances issues du Moyen Age)

Compagnon de saint Antoine était un personnage de l'antiquité chrétienne ; la légende veut qu'il ait eu pour compagnon un porc.

sérail : harem, regroupement de femmes destinées aux plaisirs d'un homme puissant

ne raillez pas : ne plaisantez pas

amphitryon : personnage d'une assemblée qui offre le repas et reçoit les invités

1   Il y a huit mois environ, un de mes amis, Louis R..., avait réuni, un soir, quelques camarades de collège ; nous buvions du punch* et nous fumions en causant littérature, peinture, et en racontant, de temps à autre, quelques joyeusetés*, ainsi que
5   cela se pratique dans les réunions de jeunes gens. Tout à coup la porte s'ouvre toute grande et un de mes bons amis d'enfance entre comme un ouragan. «Devinez d'où je viens, s'écrie-t-il aussitôt. — Je parie pour Mabille, répond l'un, — non, tu es trop gai, tu viens d'emprunter de l'argent, d'enterrer ton oncle,
10   ou de mettre ta montre chez ma tante*, reprend un autre. — Tu viens de te griser*, riposte un troisième, et comme tu as senti le punch chez Louis, tu es monté pour recommencer. — Vous n'y êtes point, je viens de P... en Normandie, où j'ai été passer huit jours et d'où je rapporte un grand criminel de
15   mes amis que je vous demande la permission de vous présenter.» A ces mots, il tira de sa poche une main d'écorché* ; cette main était affreuse, noire, sèche, très longue et comme crispée, les muscles, d'une force extraordinaire, étaient retenus à l'intérieur et à l'extérieur par une lanière de peau par-
20   cheminée*, les ongles jaunes, étroits, étaient restés au bout des doigts ; tout cela sentait le scélérat d'une lieue*. «Figurez-vous, dit mon ami, qu'on vendait l'autre jour les défroques* d'un vieux sorcier bien connu dans toute la contrée ; il allait au sabbat* tous les samedis sur un manche à balai, pratiquait la
25   magie blanche et noire, donnait aux vaches du lait bleu et leur faisait porter la queue comme celle du compagnon de saint Antoine*. Toujours est-il que ce vieux gredin avait une grande affection pour cette main, qui, disait-il, était celle d'un célèbre criminel supplicié en 1736, pour avoir jeté, la tête la
30   première, dans un puits sa femme légitime, ce quoi faisant je trouve qu'il n'avait pas tort, puis pendu au clocher de l'église le curé qui l'avait marié. Après ce double exploit, il était allé courir le monde et dans sa carrière aussi courte que bien remplie, il avait détroussé douze voyageurs, enfumé une vingtaine
35   de moines dans leur couvent et fait un sérail* d'un monastère de religieuses. — Mais que vas-tu faire de cette horreur ? nous écriâmes-nous. — Eh parbleu, j'en ferai mon bouton de sonnette pour effrayer mes créanciers. — Mon ami, dit Henri Smith, un grand Anglais très flegmatique, je crois que cette
40   main est tout simplement de la viande indienne conservée par le procédé nouveau, je te conseille d'en faire du bouillon. — Ne raillez pas*, messieurs, reprit avec le plus grand sang-froid un étudiant en médecine aux trois quarts gris, et toi, Pierre, si j'ai un conseil à te donner, fais enterrer chrétiennement ce
45   débris humain, de crainte que son propriétaire ne vienne te le redemander ; et puis, elle a peut-être pris de mauvaises habitudes cette main, car tu sais le proverbe : "Qui a tué tuera." — Et qui a bu boira», reprit l'amphitryon*. Là-dessus, il versa à l'étudiant un grand verre de punch, l'autre l'avala d'un seul
50   trait et tomba ivre mort sous la table. Cette sortie fut accueillie par des rires formidables, et Pierre élevant son verre et saluant la main : «Je bois, dit-il, à la prochaine visite de ton maître», puis on parla d'autre chose et chacun rentra chez soi.

1. *Le narrateur se nomme-t-il ? Quel effet Maupassant cherche-t-il à produire ici ?*

2. *L'histoire est-elle récente ou lointaine ? Qu'en déduisez-vous ?*

3. *Quel genre de personnages l'écrivain nous décrit-il (l. 1 à 5) ?*

4. *Commentez le passage : ... « tu es trop gai, tu viens d'emprunter de l'argent, d'enterrer ton oncle, ou de mettre ta montre chez ma tante » ... (l. 8 à 10).*

5. *Quelle trouvaille le nouvel arrivant exhibe-t-il (l. 13 à 21) ? Cette acquisition vous paraît-elle de bon goût ?*

6. *Relevez les adjectifs décrivant la main (l. 16 à 21).*

7. *Que pensez-vous du passage relatif au sorcier (l. 21 à 27) ?*

8. *Qu'est-ce que la magie noire ? Et la magie blanche ? Pourquoi l'opposition des deux (l. 25) est-elle amusante ?*

9. *Quelle forme avait la queue des vaches du sorcier (l. 26-27) ?*

10. *A qui appartenait réellement la main (l. 27 à 36) ? En quelle année fut-il supplicié ?*

11. *Le récit de ses méfaits vous paraît-il réaliste ou caricatural ? Pourquoi le jeune homme se moque-t-il du mariage ?*

12. *Qui est Henri Smith (l. 38-39) ? Qu'est-ce que le flegme (l. 39) ? Comment se manifeste le sien ?*

13. *Quel conseil l'étudiant en médecine donne-t-il au héros (l. 42 à 47) ?*

14. *Qui est Pierre (l. 43) ?*

15. *Commentez sa « sortie ».*

charogne : cadavre en décomposition

alcôve : petite pièce

le « Frère, il faut mourir » des Trappistes : texte du XVIIᵉ siècle utilisé par les moines suivant l'ordre religieux de la Trappe

pérorer : parler avec prétention

une indicible épouvante : une épouvante si grande que l'on ne peut pas la décrire

maculer : tacher

Le lendemain, comme je passais devant sa porte, j'entrai
55　chez lui, il était environ deux heures, je le trouvai lisant et
fumant. «Eh bien, comment vas-tu? lui dis-je. — Très bien,
me répondit-il. — Et ta main? — Ma main, tu as dû la voir
à ma sonnette où je l'ai mise hier soir en rentrant, mais à ce
propos figure-toi qu'un imbécile quelconque, sans doute pour
60　me faire une mauvaise farce, est venu carillonner à ma porte
vers minuit; j'ai demandé qui était là, mais comme personne
ne me répondait, je me suis recouché et rendormi.»

En ce moment, on sonna, c'était le propriétaire, personnage grossier et fort impertinent. Il entra sans saluer. «Mon-
65　sieur, dit-il à mon ami, je vous prie d'enlever immédiatement
la charogne* que vous avez pendue à votre cordon de sonnette, sans quoi je me verrai forcé de vous donner congé. —
Monsieur, reprit Pierre avec beaucoup de gravité, vous insul-
tez une main qui ne le mérite pas, sachez qu'elle a appar-
70　tenu à un homme fort bien élevé.» Le propriétaire tourna les
talons et sortit comme il était entré. Pierre le suivit, décrocha
sa main et l'attacha à la sonnette pendue dans son alcôve*!
«Cela vaut mieux, dit-il, cette main, comme le "Frère, il
faut mourir" des Trappistes*, me donnera des pensées sérieu-
75　ses tous les soirs en m'endormant.» Au bout d'une heure je le
quittai et je rentrai à mon domicile.

Je dormis mal la nuit suivante, j'étais agité, nerveux; plusieurs fois je me réveillai en sursaut, un moment même je me
figurai qu'un homme s'était introduit chez moi et je me levai
80　pour regarder dans mes armoires et sous mon lit; enfin, vers
six heures du matin, comme je commençais à m'assoupir, un
coup violent frappé à ma porte, me fit sauter du lit; c'était le
domestique de mon ami, à peine vêtu, pâle et tremblant. «Ah
monsieur! s'écria-t-il en sanglotant, mon pauvre maître qu'on
85　a assassiné.» Je m'habillai à la hâte et je courus chez Pierre. La
maison était pleine de monde, on discutait, on s'agitait, c'était
un mouvement incessant, chacun pérorait*, racontait et com-
mentait l'événement de toutes les façons. Je parvins à grand-
peine jusqu'à la chambre, la porte était gardée, je me nommai,
90　on me laissa entrer. Quatre agents de la police étaient debout
au milieu, un carnet à la main, ils examinaient, se parlaient
bas de temps en temps et écrivaient; deux docteurs causaient
près du lit sur lequel Pierre était étendu sans connaissance. Il
n'était pas mort, mais il avait un aspect effrayant. Ses yeux
95　démesurément ouverts, ses prunelles dilatées semblaient regarder fixement avec une indicible épouvante* une chose horrible
et inconnue, ses doigts étaient crispés, son corps, à partir du
menton, était recouvert d'un drap que je soulevai. Il portait
au cou les marques de cinq doigts qui s'étaient profondément
100　enfoncés dans la chair, quelques gouttes de sang maculaient*
sa chemise. En ce moment une chose me frappa, je regardai
par hasard la sonnette de son alcôve, la main d'écorché n'y
était plus. Les médecins l'avaient sans doute enlevée pour
ne point impressionner les personnes qui entreraient dans la
105　chambre du blessé, car cette main était vraiment affreuse. Je
ne m'informai point de ce qu'elle était devenue.

Je coupe maintenant, dans un journal du lendemain, le
récit du crime avec tous les détails que la police a pu se pro-
curer. Voici ce qu'on y lisait :

16. Que s'est-il passé pendant la nuit (l. 54 à 62)? Comment Pierre interprète-t-il cet incident?, comment l'interprétez-vous?

17. Que signifient les tirets du premier paragraphe de cette page?

18. Comment le propriétaire est-il décrit (l. 63-64)? Qu'exige-t-il de Pierre? De quoi le menace-t-il?

19. Commentez la réplique humoristique de Pierre (l. 68 à 70).

20. Qu'arrive-t-il au narrateur la nuit suivante (l. 77 à 80)? Comment Maupassant traduit-il la grande nervosité de son personnage? Relevez les termes et expressions significatifs.

21. Que se passe-t-il à six heures du matin (l. 81 à 85)? Quels éléments vous indiquent que l'affaire est très grave?

22. Pourquoi y a-t-il beaucoup de monde sur les lieux du drame (l. 85 à 88)? Que font ces gens?

23. La police est-elle également sur les lieux (l. 90 à 92)?

24. Que vous indique la présence des deux médecins dans la pièce (l. 92-93)?

25. Commentez la description de Pierre (l. 93 à 101). Que cherche à traduire ici Maupassant?

26. Le jeune homme est-il mort? Pourquoi sa blessure est-elle étrange?

27. Le narrateur est frappé par un détail; lequel (l. 101 à 106)? Quelle explication trouve-t-il à cette disparition? Qu'en pensez-vous?

28. Recherchez des gravures représentant des policiers du XIXᵉ siècle.

le sieur Bouvin : monsieur Bouvin

yeux dilatés : yeux grands ouverts, écarquillés

La justice informe : la justice enquête

110 « Un attentat horrible a été commis hier sur la personne d'un jeune homme, M. Pierre B.., étudiant en droit, qui appartient à une des meilleures familles de Normandie. Ce jeune homme était rentré chez lui vers dix heures du soir, il renvoya son domestique, le sieur* Bouvin, en lui disant qu'il était fatigué et qu'il allait se mettre au lit. Vers minuit, cet homme fut

115 réveillé tout à coup par la sonnette de son maître qu'on agitait avec fureur. Il eut peur, alluma une lumière et attendit ; la sonnette se tut environ une minute, puis reprit avec une telle force que le domestique, éperdu de terreur, se précipita hors

120 de sa chambre et alla réveiller le concierge, ce dernier courut avertir la police et, au bout d'un quart d'heure environ, deux agents enfonçaient la porte. Un spectacle horrible s'offrit à leurs yeux, les meubles étaient renversés, tout annonçait qu'une lutte terrible avait eu lieu entre la victime et le malfai-

125 teur. Au milieu de la chambre, sur le dos, les membres raides, la face livide et les yeux effroyablement dilatés*, le jeune Pierre B... gisait sans mouvement ; il portait au cou les empreintes profondes de cinq doigts. Le rapport du docteur Bourdeau, appelé immédiatement, dit que l'agresseur devait

130 être doué d'une force prodigieuse et avoir une main extraordinairement maigre et nerveuse, car les doigts qui ont laissé dans le cou comme cinq trous de balle s'étaient presque rejoints à travers les chairs. Rien ne peut faire soupçonner le mobile du crime, ni quel peut en être l'auteur. La justice informe*. »

135 On lisait le lendemain dans le même journal :
« M. Pierre B..., la victime de l'effroyable attentat que nous racontions hier, a repris connaissance après deux heures de soins assidus donnés par M. le docteur Bourdeau. Sa vie n'est pas en danger, mais on craint fortement pour sa raison ;

140 on n'a aucune trace du coupable. »

COMMENTAIRE DE TEXTE

Fait divers

I. Les personnages

1. *Qui parle ici ?*

2. *Quelle profession exerce ce personnage ?*

II. L'histoire

1. *A quoi servent les guillemets ?*

2. *Pourquoi cet article ajoute-t-il vie et mouvement au texte ?*

3. *Donnez un titre à chacune des cinq parties de ce passage :*
1re partie : l. 110 à 112
2e partie : l. 112 à 122
3e partie : l. 122 à 128
4e partie : l. 128 à 133
5e partie : l. 133-134

III. Le texte

1. *Pourquoi parle-t-on d'« attentat » (l. 110) ?*

2. *Comment le jeune homme est-il présenté (l. 110 à 112) ?*

3. *Qui est le sieur Bouvin (l. 114) ?*

4. *Pourquoi le journaliste cite-t-il le nom du domestique alors qu'il ne donne que l'initiale du personnage central de son article ?*

5. *A quel moment Pierre B. s'est-il réveillé (l. 112 à 117) ? Pourquoi cette heure est-elle « stratégique » ?*

6. *Comment la blessure est-elle décrite (l. 131 à 133) ?*

7. *Que signifie l'expression « la justice informe » (l. 134) ?*

IV. Au-delà du texte

1. *Imaginez le gros titre précédant cet article.*

2. *Racontez en utilisant un style journalistique un incident anodin de façon à le rendre absolument sensationnel.*

29. *Que dit l'article du lendemain (l. 136 à 140) ?*

30. *Cette « amélioration » a-t-elle été facile à obtenir ?*

Swinburne et la main d'écorché

Il est intéressant de savoir que *La Main d'écorché,* l'un des tout premiers contes fantastiques de Maupassant lui fut inspiré par un fait divers bien réel.

Nous sommes en 1864 et Maupassant, après avoir vécu une épouvantable année scolaire à Yvetot, passe ses vacances d'été à Étretat avec sa mère. Un matin, il sauve de la noyade un homme saoul ayant voulu se baigner. Il s'agit du poète anglais Algernon Charles Swinburne, l'ami de Powell. Maupassant est invité chez les deux hommes et découvre alors un intérieur mystérieux, un peu suspect et un peu inquiétant, où gambade un grand singe. C'est chez Swinburne que Maupassant découvre la main d'écorché, qu'il acquerra plus tard. Fasciné par cette horreur, il la garde très longtemps et la dessine régulièrement. La charogne aux « muscles noirs mis à nu », aux « traces de sang ancien (...) sur l'os blanc comme de la neige » lui inspire deux de ses plus célèbres contes fantastiques : *La Main* et *La Main d'écorché*.

Charles Swinburne (1837-1909)

● *Qui était Swinburne ? Rechercher son nom dans un dictionnaire et résumer sa vie et son œuvre en une dizaine de lignes.*

à l'agonie : mourant

orphelin : sans père ni mère

bréviaire : livre de prières

oremus : mot latin prononcé par le prêtre afin que l'assistance prie avec lui

fossoyeurs : personnes chargées de creuser les tombes dans les cimetières

sépulture : tombe, fosse

En effet, mon pauvre ami était fou ; pendant sept mois, j'allai le voir tous les jours à l'hospice où nous l'avions placé, mais il ne recouvra pas une lueur de raison. Dans son délire, il lui échappait des paroles étranges et, comme tous les fous, il
145 avait une idée fixe, il se croyait toujours poursuivi par un spectre. Un jour, on vint me chercher en toute hâte en me disant qu'il allait plus mal, je le trouvai à l'agonie*! Pendant deux heures, il resta fort calme, puis tout à coup, se dressant sur son lit malgré nos efforts, il s'écria en agitant les bras et comme
150 en proie à une épouvantable terreur : « Prends-la ! prends-la ! Il m'étrangle, au secours, au secours ! » Il fit deux fois le tour de la chambre en hurlant, puis il tomba mort, la face contre terre.

Comme il était orphelin*, je fus chargé de conduire son
155 corps au petit village de P... en Normandie, où ses parents étaient enterrés. C'est de ce même village qu'il venait, le soir où il nous avait trouvés buvant du punch chez Louis R... et où il nous avait présenté sa main d'écorché. Son corps fut enfermé dans un cercueil de plomb, et quatre jours après, je
160 me promenais tristement avec le vieux curé qui lui avait donné ses premières leçons, dans le petit cimetière où l'on creusait sa tombe. Il faisait un temps magnifique, le ciel tout bleu ruisselait de lumière, les oiseaux chantaient dans les ronces du talus, où bien des fois, enfants tous deux, nous étions venus manger
165 des mûres. Il me semblait encore le voir se faufiler le long de la haie et se glisser par le petit trou que je connaissais bien, là-bas, tout au bout du terrain où l'on enterre les pauvres, puis nous revenions à la maison, les joues et les lèvres noires du jus des fruits que nous avions mangés ; et je regardai les ron-
170 ces, elles étaient couvertes de mûres ; machinalement j'en pris une, et je la portai à ma bouche ; le curé avait ouvert son bréviaire* et marmottait tout bas ses *oremus* et j'entendais au bout de l'allée la bêche des fossoyeurs* qui creusaient la tombe. Tout à coup, ils nous appelèrent, le curé ferma son livre et
175 nous allâmes voir ce qu'ils nous voulaient.

Ils avaient trouvé un cercueil. D'un coup de pioche, ils firent sauter le couvercle et nous aperçûmes un squelette démesurément long, couché sur le dos, qui, de son œil creux, semblait encore nous regarder et nous défier ; j'éprouvai un
180 malaise, je ne sais pourquoi j'eus presque peur. « Tiens ! s'écria un des hommes, regardez donc, le gredin a un poignet coupé, voilà sa main. » Et il ramassa à côté du corps une grande main desséchée qu'il nous présenta. « Dis donc, fit l'autre en riant, on dirait qu'il te regarde et qu'il va te sauter à la gorge pour
185 que tu lui rendes sa main. — Allons mes amis, dit le curé, laissez les morts en paix et refermez ce cercueil, nous creuserons autre part la tombe de ce pauvre monsieur Pierre. »

Le lendemain tout était fini et je reprenais la route de Paris après avoir laissé cinquante francs au vieux curé pour
190 dire des messes pour le repos de l'âme de celui dont nous avions ainsi troublé la sépulture*.

31. *Pierre guérit-il* (l. 141) ? *Pourquoi ce nouvel élément renforce-t-il l'aspect fantastique et le caractère horrible de l'agression ?*
32. *Pourquoi pouvons-nous dire que l'unité de temps change brusquement* (l. 141 à 143) ?
33. *L'état mental de Pierre s'améliore-t-il au fil du temps ? Relevez la phrase qui vous l'indique* (l. 142 à 146).
34. *Qu'est-ce qu'une idée fixe* (l. 145) ?
35. *Quelle est l'idée fixe de Pierre* (l. 144 à 146) ? *Comment s'explique-t-elle selon vous ?*
36. *Résumez la scène précédant la mort de Pierre* (l. 147 à 153).
37. *Commentez la phrase : « Prends-la ! prends-la ! Il m'étrangle, au secours, au secours ! ». Comment expliquez-vous le passage du féminin au masculin ?*
38. *Pourquoi la fin de Pierre est-elle dramatique ? Meurt-il jeune ou âgé ?*
39. *Pour quelle raison le narrateur s'occupe-t-il des funérailles de son ami* (l. 154-155) ?
40. *Où le fait-il enterrer* (l. 154 à 158) ? *Que pensez-vous de ce hasard ?*
41. *Pourquoi le narrateur est-il assailli par ses souvenirs d'enfance* (l. 158 à 173). *Quel est selon vous son état d'esprit ?*
42. *Quel élément nouveau vient interrompre la promenade des deux hommes* (l. 174 à 176) ?
43. *Pour quelles raisons cette découverte est-elle terrifiante* (l. 177 à 183). *Relevez les termes les plus inquiétants.*
44. *Le fait que ce squelette ait un poignet coupé est-il selon vous une coïncidence ?*
45. *Comment Maupassant nous amène-t-il à penser que ce mort et l'agresseur de Pierre sont liés* (l. 182 à 185) ?
46. *Commentez la réaction du curé et celle du narrateur* (l. 185 à 191).
47. *Cherchez dans une encyclopédie le mot folie et citez les noms de plusieurs formes de folie différentes.*

YNTHÈSE La Main d'écorché

Mort ou vivant?

L'action

1. Où se déroule cette histoire? Maupassant nous le dit-il? Pourquoi pouvons-nous cependant supposer qu'elle se situe à Paris?

2. Qui est Louis R.?

3. Qui sont les autres personnages? Sont-ils jeunes, âgés, riches, pauvres, gais, tristes?...

4. Dans quel but Maupassant ne nous donne-t-il que leurs initiales ou leurs prénoms?

5. Pourquoi selon vous met-il en scène cette bande de fêtards? Utilise-t-il souvent ce genre de personnages?

6. Cette histoire s'est-elle déroulée récemment ou bien est-ce le récit d'événements déjà anciens?

7. Qui est Pierre? Que ramène-t-il?

8. Qu'est-ce qu'un écorché?

9. Où le personnage a-t-il trouvé cette horreur? Pourquoi tant de mystère selon vous?

10. Que désire-t-il faire de cette relique? Que pensez-vous de ce goût pour la provocation?

11. Que lui suggère Henri Smith?

12. Où Pierre accrochera-t-il sa relique finalement?

. le fantastique

1. Dans quelles conditions Pierre a-t-il acquis la main?

2. Qu'est-ce qu'un sabbat?

3. Pour quels méfaits le propriétaire de la main a-t-il été supplicié?

4. Que conseille à Pierre l'étudiant en médecine? N'est-ce pas surprenant de sa part? Quel proverbe cite-t-il? Qu'en pensez-vous?

5. Quel toast Pierre porte-t-il à la fin de la première page?

6. Que se passe-t-il chez Pierre durant la première nuit? Pourquoi ce détail, présenté de façon anodine par le jeune homme, est-il inquiétant?

7. Par qui le narrateur est-il éveillé en sursaut la nuit suivante? Pour quelle raison?

8. Dans quel état trouve-t-il son ami? Est-il mort?

9. Pourquoi la description de l'expression de son visage et des blessures de son cou fait-elle penser qu'il s'est produit quelque chose de surnaturel?

10. Qui est le docteur Bourdeau?

11. Pierre succombe-t-il à ses blessures physiques?

12. Que se passe-t-il lors de l'agonie de Pierre? Que dit-il? Quel sens ont ses paroles? Comment les interpréter?

13. Où Pierre sera-t-il enterré? Comment expliquez-vous cette coïncidence? Peut-on parler de vengeance?

14. Quelle étrange découverte les fossoyeurs font-ils en creusant sa tombe?

15. Comment Maupassant donne-t-il l'impression que le squelette est vivant et réagit?

16. Quels points communs le squelette et l'écorché présentent-ils?

17. Le curé a la même réaction que l'étudiant en médecine. Laquelle? Pourquoi?

18. Que fait le narrateur avant de quitter le village normand? Dans quel but?

II

MAUPASSANT CONTEUR RÉALISTE

chaumières : maisons
pauvres

aînés : les plus âgés des
enfants

cadets : enfants venant
juste après les aînés

masure : maison misérable

mioches : enfants
(vocabulaire familier)

moutard : enfant
(vocabulaire familier)

empâter : nourrir, faire
manger

Aux champs

A Octave Mirbeau.

1   Les deux <u>chaumières</u>* étaient côte à côte, au pied d'une
colline, proches d'une petite ville de bains. Les deux paysans
besognaient dur sur la terre inféconde pour élever tous leurs
petits. Chaque ménage en avait quatre. Devant les deux portes
5   voisines, toute la marmaille grouillait du matin au soir. Les
deux aînés* avaient six ans et les deux cadets* quinze mois
environ ; les mariages, et, ensuite, les naissances s'étaient pro-
duites à peu près simultanément dans l'une et l'autre maison.

    Les deux mères distinguaient à peine leurs produits dans
10 le tas ; et les deux pères confondaient tout à fait. Les huit noms
dansaient dans leur tête, se mêlaient sans cesse ; et, quand il
fallait en appeler un, les hommes souvent en criaient trois
avant d'arriver au véritable.

    La première des deux demeures, en venant de la station
15 d'eaux de Rolleport, était occupée par les Tuvache, qui avaient
trois filles et un garçon ; l'autre masure* abritait les Vallin, qui
avaient une fille et trois garçons.

    Tout cela vivait péniblement de soupe, de pommes de
terre et de grand air. A sept heures, le matin, puis à midi, puis
20 à six heures, le soir, les ménagères réunissaient leurs mioches*
pour donner la pâtée, comme des gardeurs d'oies assemblent
leurs bêtes. Les enfants étaient assis, par rang d'âge, devant
la table en bois, vernie par cinquante ans d'usage. Le dernier
moutard* avait à peine la bouche au niveau de la planche. On
25 posait devant eux l'assiette creuse pleine de pain molli dans
l'eau où avaient cuit les pommes de terre, un demi-chou et
trois oignons ; et toute la ligne mangeait jusqu'à plus faim. La
mère empâtait* elle-même le petit. Un peu de viande au pot-
au-feu, le dimanche, était une fête pour tous ; et le père, ce
30 jour-là, s'attardait au repas en répétant : « Je m'y ferais bien
tous les jours. »

    Par un après-midi du mois d'août, une légère voiture
s'arrêta brusquement devant les deux chaumières, et une jeune
femme, qui conduisait elle-même, dit au monsieur assis à côté
35 d'elle :

    « Oh ! regarde, Henri, ce tas d'enfants ! Sont-ils jolis,
comme ça, à grouiller dans la poussière ! »

    L'homme ne répondit rien, accoutumé à ces admirations
qui étaient une douleur et presque un reproche pour lui.

1. *A qui est dédicacé ce conte ?
Cherchez ce nom dans un dictionnaire.*
2. *Où se déroule l'histoire (l. 1
à 4) ?*
3. *Ces paysans sont-ils riches
ou pauvres ? Relevez les éléments qui vous l'indiquent (l. 1
à 8).*
4. *Combien chacun des deux
ménages a-t-il d'enfants ?
Pourquoi les confondent-ils
(l. 1 à 13) ?*
5. *Décrivez l'attitude des parents vis-à-vis de leurs enfants
(l. 9 à 13). Pourquoi est-elle
surprenante ? Commentez les
mots « marmaille » (l. 5) et
« produits » (l. 9).*
6. *Comment s'appellent les
deux familles (l. 14 à 17) ?*
7. *Combien chacune a-t-elle
de filles et de garçons (l. 14 à
17) ? Pourquoi est-ce drôle ?*
8. *A quelle saison débute l'action (l. 32) ?*
9. *Pourquoi pouvez-vous dire
que les deux nouveaux personnages appartiennent à un milieu aisé (l. 32 à 37) ?*
10. *Quel semble être le problème de ce couple (l. 38-39) ?*

COMMENTAIRE DE TEXTE

Chez les Tuvache

I. Les personnages

1. *Qui sont les personnages de
cet extrait ?*
2. *Quel âge ont ces enfants ?*

II. Le texte

1. *Commentez la première
phrase (l. 18-19) : « Tout cela
vivait péniblement de soupe,
de pommes de terre et de grand
air. »*
2. *A quelles heures ont lieu les
repas (l. 19-20) ? Pourquoi à la
campagne les repas ont-ils lieu
plus tôt qu'à la ville ?*

40   La jeune femme reprit :

« Il faut que je les embrasse ! Oh ! comme je voudrais en avoir un, celui-là, le tout-petit. »

Et, sautant de la voiture, elle courut aux enfants, prit un des deux derniers, celui des Tuvache, et, l'enlevant dans ses
45 bras, elle le baisa passionnément sur ses joues sales, sur ses cheveux blonds frisés et pommadés de terre, sur ses menottes* qu'il agitait pour se débarrasser des caresses ennuyeuses.

Puis elle remonta dans sa voiture et partit au grand trot. Mais elle revint la semaine suivante, s'assit elle-même par
50 terre, prit le moutard dans ses bras, le bourra de gâteaux, donna des bonbons à tous les autres ; et joua avec eux comme une gamine, tandis que son mari attendait patiemment dans sa frêle voiture.

Elle revint encore, fit connaissance avec les parents, repa-
55 rut tous les jours, les poches pleines de friandises et de sous.

Elle s'appelait Mme Henri d'Hubières.

Un matin, en arrivant, son mari descendit avec elle ; et, sans s'arrêter aux mioches, qui la connaissaient bien mainte-nant, elle pénétra dans la demeure des paysans.

60   Ils étaient là, en train de fendre du bois pour la soupe ; ils se redressèrent tout surpris, donnèrent des chaises et atten-dirent. Alors la jeune femme, d'une voix entrecoupée, trem-blante, commença :

« Mes braves gens, je viens vous trouver parce que je vou-
65 drais bien... je voudrais bien emmener avec moi votre... votre petit garçon... »

Les campagnards, stupéfaits et sans idée, ne répondi-rent pas.

Elle reprit haleine et continua.

70   « Nous n'avons pas d'enfants ; nous sommes seuls, mon mari et moi... Nous le garderions... voulez-vous ? »

La paysanne commençait à comprendre. Elle demanda :

« Vous voulez nous prend'e* Charlot ? Ah ben non, pour sûr. »

75   Alors M. d'Hubières intervint :

« Ma femme s'est mal expliquée. Nous voulons l'adopter, mais il reviendra vous voir. S'il tourne bien, comme tout porte à le croire, il sera notre héritier. Si nous avions, par hasard, des enfants, il partagerait également avec eux. Mais s'il ne répon-
80 dait pas à nos soins*, nous lui donnerions, à sa majorité, une somme de vingt mille francs, qui sera immédiatement dépo-sée en son nom chez un notaire. Et, comme on a aussi pensé à vous, on vous servira jusqu'à votre mort une rente de cent francs par mois. Avez-vous bien compris ? »

85   La fermière s'était levée, toute furieuse.

« Vous voulez que j'vous vendions* Charlot ? Ah ! mais non ; c'est pas des choses qu'on d'mande* à une mère, ça ! Ah ! mais non ! Ce s'rait* une abomination. »

L'homme ne disait rien, grave et réfléchi ; mais il approu-
90 vait sa femme d'un mouvement continu de la tête.

Mme d'Hubières, éperdue, se mit à pleurer, et, se tour-nant vers son mari, avec une voix pleine de sanglots, une voix d'enfant dont tous les désirs ordinaires sont satisfaits, elle bal-butia :

95   « Ils ne veulent pas, Henri, ils ne veulent pas ! »

Alors ils firent une dernière tentative.

« Mais, mes amis, songez à l'avenir de votre enfant, à son bonheur, à... »

La paysanne, exaspérée, lui coupa la parole :

100 « C'est tout vu, c'est tout entendu, c'est tout réfléchi... Allez-vous-en, et pi, que j'vous revoie point par ici. C'est-i permis d'vouloir prendre un éfant comme 'ça* ! »

Alors, Mme d'Hubières, en sortant, s'avisa qu'ils étaient deux tout-petits, et elle demanda à travers ses larmes, avec 105 une ténacité de femme volontaire et gâtée, qui ne veut jamais attendre :

« Mais l'autre petit n'est pas à vous ? »

Le père Tuvache répondit :

« Non, c'est aux voisins ; vous pouvez y aller, si vous vou-110 lez. »

Et il rentra dans sa maison, où retentissait la voix indignée de sa femme.

Les Vallin étaient à table, en train de manger avec lenteur des tranches de pain qu'ils frottaient parcimonieusement* avec 115 un peu de beurre piqué au couteau, dans une assiette entre eux deux.

M. d'Hubières recommença ses propositions, mais avec plus d'insinuations, de précautions oratoires*, d'astuce.

Les deux ruraux* hochaient la tête en signe de refus ; mais 120 quand ils apprirent qu'ils auraient cent francs par mois, ils se considérèrent, se consultant de l'œil, très ébranlés. → shaken

Ils gardèrent longtemps le silence, torturés, hésitants. La femme enfin demanda :

« Qué qu't'en dis*, l'homme ? »

125 Il prononça d'un ton sentencieux :

« J'dis qu'c'est point méprisable. »

Alors Mme d'Hubières, qui tremblait d'angoisse, leur parla de l'avenir du petit, de son bonheur, et de tout l'argent qu'il pourrait leur donner plus tard.

Les paysans en France au XIXe siècle

La condition des paysans français a été modifiée en profondeur par la Révolution : alors que sous l'Ancien Régime la plupart des paysans travaillaient sur les terres du clergé ou de la noblesse, ceux du XIXe siècle sont propriétaires de petites parcelles provenant des biens nationaux saisis par la République sur les possessions des nobles émigrés.

Leur niveau de vie a considérablement augmenté, même s'il demeure sensible aux aléas des récoltes.

Ils vivent groupés par familles. Le père, ou le grand-père, possède l'exploitation. Dès que l'âge ne lui permet plus de diriger la ferme, il pratique un partage, de son vivant, entre ses enfants.

Zola dans *La Terre*, et Balzac dans *Les Paysans* ont montré le danger moral et économique de ces partages incessants : les propriétés sont l'objet de convoitises qui divisent les familles.

Une famille de paysans à la veillée. Gravure tirée de l'Illustration *(1855).*

● *Quel semble être le niveau de vie des Vallin et des Tuvache ? Quels sont leurs acquis ? Quels sont leurs limites et leurs besoins ?*

Ce s'ra promis d'vant l'notaire? : ce sera promis devant le notaire?

quéqu'zans : quelques années

c't'éfant : cet enfant

i : il

La mère Tuvache les agonisait d'ignominies : la mère Tuvache les insultait sans cesse

avec ostentation : avec insistance et orgueil

vociférées : hurlées

elle s'a conduite : elle s'est conduite

vivoter : vivre mal, faute d'argent

l'âtre : le foyer d'une cheminée

130 Le paysan demanda :

« C'te* rente de douze cents francs, ce s'ra* promis d'vant l'notaire ? »

M. d'Hubières répondit :

« Mais certainement, dès demain. »

135 La fermière, qui méditait, reprit :

« Cent francs par mois, c'est point suffisant pour nous priver du p'tit ; ça travaillera dans quéqu'z'ans* c't'éfant* ; i* nous faut cent vingt francs. »

Mᵐᵉ d'Hubières, trépignant d'impatience, les accorda tout

140 de suite ; et, comme elle voulait enlever l'enfant, elle donna cent francs en cadeau pendant que son mari faisait un écrit. Le maire et un voisin, appelés aussitôt, servirent de témoins complaisants.

Et la jeune femme, radieuse, emporta le marmot hurlant,

145 comme on emporte un bibelot désiré d'un magasin.

Les Tuvache, sur leur porte, le regardaient partir, muets, sévères, regrettant peut-être leur refus.

On n'entendit plus du tout parler du petit Jean Vallin. Les parents, chaque mois, allaient toucher leurs cent vingt

150 francs chez le notaire ; et ils étaient fâchés avec leurs voisins parce que la mère Tuvache les agonisait* d'ignominies, répétant sans cesse de porte en porte qu'il fallait être dénaturé pour vendre son enfant, que c'était une horreur, une saleté, une corromperie.

155 Et parfois elle prenait en ses bras son Charlot avec ostentation*, lui criant, comme s'il eût compris :

« J'tai pas vendu, mé, j'tai pas vendu, mon p'tiot. J'vends pas m's' éfants, mé. J'sieus pas riche, mais vends pas m's'éfants. »

160 Et, pendant des années et encore des années, ce fut ainsi chaque jour ; chaque jour des allusions grossières qui étaient vociférées* devant la porte, de façon à entrer dans la maison voisine. La mère Tuvache avait fini par se croire supérieure à toute la contrée parce qu'elle n'avait pas vendu Charlot. Et

165 ceux qui parlaient d'elle disaient :

« J'sais ben que c'était engageant, c'est égal, elle s'a conduite* comme une bonne mère. »

On la citait ; et Charlot, qui prenait dix-huit ans, élevé dans cette idée qu'on lui répétait sans répit, se jugeait lui-

170 même supérieur à ses camarades, parce qu'on ne l'avait pas vendu.

Les Vallin vivotaient* à leur aise, grâce à la pension. La fureur inapaisable des Tuvache, restés misérables, venait de là.

Leur fils aîné partit au service. Le second mourut ;

175 Charlot resta seul à peiner avec le vieux père pour nourrir la mère et deux autres sœurs cadettes qu'il avait.

Il prenait vingt et un ans, quand, un matin, une brillante voiture s'arrêta devant les deux chaumières. Un jeune monsieur, avec une chaîne de montre en or, descendit, donnant la

180 main à une vieille dame en cheveux blancs. La vieille dame lui dit :

« C'est là, mon enfant, à la seconde maison. »

Et il entra comme chez lui dans la masure des Vallin.

La vieille mère lavait ses tabliers ; le père, infirme, som-

185 meillait près de l'âtre*. Tous deux levèrent la tête, et le jeune homme dit :

COMMENTAIRE DE TEXTE

La vie après la vente

I. Les personnages

1. *Qui sont les deux personnages principaux de ce passage ?*
2. *Quel âge a Charlot à la fin du texte ? Combien de temps s'est donc écoulé ?*

II. L'histoire

1. *Est-il important de décrire les relations des deux familles après le départ de Jean ?*
2. *Les Tuvache et les Vallin s'entendaient-ils bien avant ?*
3. *Donnez un titre à chacune des quatre parties.*
1ʳᵉ partie : l. 148 à 154
2ᵉ partie : l. 155 à 159
3ᵉ partie : l. 160 à 167
4ᵉ partie : l. 168 à 171

III. Le texte

1. *Combien de temps se passe-t-il entre le début et la fin de ce passage ?*
2. *Quelle attitude la mère Tuvache a-t-elle (l. 150 à 154) ?*
3. *Dans quel but répète-t-elle ces propos « sans cesse de porte en porte » (l. 152) ?*
4. *Pourquoi crie-t-elle à Charlot, alors qu'il ne comprend pas : « J't'ai pas vendu, mé » (l. 157) ?*
5. *L'agressivité de la mère Tuvache s'estompe-t-elle avec le temps (l. 160 à 163) ?*
6. *Pourquoi les Tuvache se croient-ils « supérieurs à toute la contrée » ?*
7. *Pourquoi Maupassant ne fait-il aucune allusion à la vie de Jean Vallin durant toutes ces années ?*

IV. Au-delà du texte

1. *Pensez-vous qu'une telle situation ait pu se produire à l'époque de Maupassant ? Aujourd'hui, la loi autoriserait-elle ce genre d'échanges ?*
2. *Écrivez un article dans le style journalistique racontant la « vente » de Charlot.*

31. *Quelle est la situation de la famille Vallin lorsque Charlot atteint ses dix-huit ans (l. 174 à 176) ?*

c'est-i té, m'n éfant ? : est-ce que c'est toi mon enfant ?

fieu : fils

« Bonjour, papa ; bonjour, maman. »

Ils se dressèrent effarés. La paysanne laissa tomber d'émoi son savon dans son eau et balbutia :

190 « C'est-i té*, m'n éfant ? C'est-i té, m'n éfant ? »

Il la prit dans ses bras et l'embrassa, en répétant : « Bonjour, maman. » Tandis que le vieux, tout tremblant, disait, de son ton calme qu'il ne perdait jamais : « Te v'là-t'il revenu, Jean ? » Comme s'il l'avait vu un mois auparavant.

195 Et, quand ils se furent reconnus, les parents voulurent tout de suite sortir le fieu* dans le pays pour le montrer. On le conduisit chez le maire, chez l'adjoint, chez le curé, chez l'instituteur.

Charlot, debout sur le seuil de sa chaumière, le regar-200 dait passer.

Le soir au souper, il dit aux vieux :

« Faut-il qu'vous ayez été sots pour laisser prendre le p'tit aux Vallin ! »

Sa mère répondit obstinément :

205 « J'voulions point vendre not'éfant. »

Le père ne disait rien.

Le fils reprit :

« C'est-il pas malheureux d'être sacrifié comme ça. »

Alors le père Tuvache articula d'un ton coléreux :

210 « Vas-tu pas nous r'procher d' t'avoir gardé ? »

Et le jeune homme, brutalement :

« Oui, j'vous le r'proche, que vous n'êtes que des niants. Des parents comme vous ça fait l'malheur des éfants. Qu'vous mériteriez que j'vous quitte. »

215 La bonne femme pleurait dans son assiette. Elle gémit tout en avalant des cuillerées de soupe dont elle répandait la moitié :

« Tuez-vous donc pour élever d's éfants ! »

Alors le gars, rudement :

220 « J'aimerais mieux n'être point né que d'être c' que j'suis. Quand j'ai vu l'autre, tantôt, mon sang n'a fait qu'un tour. Je m'suis dit : — v'là c'que j'serais maintenant. »

Il se leva.

« Tenez, j'sens bien que je ferai mieux de n'pas rester 225 ici, parce que j'vous le reprocherais du matin au soir, et que j'vous ferais une vie d'misère. Ça, voyez-vous, j'vous l'pardonnerai jamais ! »

Les deux vieux se taisaient, atterrés, larmoyants.

Il reprit :

230 « Non, c't'idée-là, ce serait trop dur. J'aime mieux m'en aller chercher ma vie aut'part. »

Il ouvrit la porte. Un bruit de voix entra. Les Vallin festoyaient avec l'enfant revenu.

Alors Charlot tapa du pied et, se tournant vers ses parents, 235 cria :

« Manants, va ! »

Et il disparut dans la nuit.

32. *Pourquoi La mère Vallin répète-t-elle deux fois sa question (l. 190) ?*
33. *Relevez les éléments décrivant l'émotion des deux vieux (l. 187 à 194).*
34. *Pourquoi d'après vous Jean Vallin cherche-t-il à revoir ses parents ? Imaginez que vous soyez à sa place et décrivez vos impressions en découvrant la ferme de votre petite enfance et vos parents.*
35. *Les Vallin « voulurent tout de suite sortir le fieu dans le pays pour le montrer » (l. 195-196). Pourquoi cette réaction est-elle touchante ?*
36. *Chez qui l'emmènent-ils (l. 197-198) ? Pourquoi ce choix ?*
37. *Que se passe-t-il le soir chez les Tuvache (l. 201 à 214) ?*
38. *Comment expliquez-vous le retournement de Charlot ? Quels reproches adresse-t-il à ses parents (l. 202 à 214) ? Relevez ses formules les plus dures ?*
39. *Comment réagit sa mère (l. 215 à 218) ?*
40. *Commentez la phrase de Charlot : « J'aimerais mieux n'être point né que d'être ce que je suis » (l. 220). Pourquoi est-elle très grave ?*
41. *Que décide-t-il finalement (l. 224 à 227 ; 230-231) ? Pour quelles raisons ne peut-il plus rester chez ses parents ?*
42. *Commentez son départ (l. 232 à 237).*
43. *Pourquoi peut-on dire que cette nouvelle reflète le pessimisme de Maupassant ?*

Histoire vraie

mi-hobereaux : moitié seigneur

crébleu : juron patois

maît' Blondel : maître Blondel

Vous avez là une bobonne qui n'est pas piquée des vers ! : vous avez là une bonne qui est bien jolie ! (expression populaire)

c't'enfant-là : cette enfant-là

quéqu'chose : quelque chose

1   Un grand vent soufflait au-dehors, un vent d'automne mugissant et galopant, un de ces vents qui tuent les dernières feuilles et les emportent jusqu'aux nuages.

  Les chasseurs achevaient leur dîner, encore bottés, rou-
5 ges, animés, allumés. C'étaient de ces demi-seigneurs nor-mands, mi-hobereaux*, mi-paysans, riches et vigoureux, taillés pour casser les cornes des bœufs lorsqu'ils les arrêtent dans les foires.

  Ils avaient chassé tout le jour sur les terres de maître Blon-
10 del, le maire d'Éparville, et ils mangeaient maintenant autour de la grande table, dans l'espèce de ferme-château dont était propriétaire leur hôte.

  Ils parlaient comme on hurle, riaient comme rugissent les fauves, et buvaient comme des citernes, les jambes allongées,
15 les coudes sur la nappe, les yeux luisants sous la flamme des lampes, chauffés par un foyer formidable qui jetait au plafond des lueurs sanglantes ; ils causaient de chasse et de chiens. Mais ils étaient, à l'heure où d'autres idées viennent aux hommes, à moitié gris, et tous suivaient de l'œil une forte fille aux
20 joues rebondies qui portait au bout de ses poings rouges les larges plats chargés de nourritures.

  Soudain un grand diable qui était devenu vétérinaire après avoir étudié pour être prêtre, et qui soignait toutes les bêtes de l'arrondissement, M. Séjour, s'écria :

25 « Crébleu*, maît' Blondel*, vous avez là une bobonne qui n'est pas piquée des vers* ! »

  Et un rire retentissant éclata. Alors un vieux noble déclassé, tombé dans l'alcool, M. de Varnetot, éleva la voix :

  « C'est moi qui ai eu jadis une drôle d'histoire avec une
30 fillette comme ça ! Tenez, il faut que je vous la raconte. Toutes les fois que j'y pense, ça me rappelle Mirza, ma chienne, que j'avais vendue au comte d'Haussonnel et qui revenait tous les jours, dès qu'on la lâchait, tant elle ne pouvait me quitter. A la fin je m'suis fâché et j'ai prié l' comte de la tenir à la chaîne.
35 Savez-vous c' qu'elle a fait c'te bête ? Elle est morte de chagrin.

  « Mais, pour en revenir à ma bonne, v'là l'histoire. »

  J'avais alors vingt-cinq ans et je vivais en garçon, dans mon château de Villebon. Vous savez, quand on est jeune, et qu'on a des rentes, et qu'on s'embête tous les soirs après dîner,
40 on a l'œil de tous les côtés.

  Bientôt je découvris une jeunesse qui était en service chez Déboultot, de Cauville. Vous avez bien connu Déboultot, vous, Blondel ! Bref, elle m'enjôla si bien, la gredine, que j'allai un jour trouver son maître et je lui proposai une affaire. Il me
45 céderait sa servante et je lui vendrais ma jument noire, Cocote, dont il avait envie depuis bientôt deux ans. Il me tendit la main : « Topez là, monsieur de Varnetot. » C'était marché conclu ; la petite vint au château et je conduisis moi-même à Cauville ma jument, que je laissai pour trois cents écus.

50 Dans les premiers temps, ça alla comme sur des roulettes. Personne ne se doutait de rien ; seulement Rose m'aimait un peu trop pour mon goût. C't'enfant-là*, voyez-vous, ce n'était pas n'importe qui. Elle devait avoir quéqu'chose* de pas com-

1. A quelle saison sommes-nous (l. 1 à 3) ?
2. Les éléments naturels vous paraissent-ils favorables ? Pour quelles raisons ?
3. Qui sont les personnages du second paragraphe ?
4. Définissez le terme « ferme-château » (l. 11).
5. Comment vous représentez-vous ces hommes d'après la description de Maupassant (l. 4 à 21) ?
6. Que signifie l'expression « être gris » (l. 19) ?
7. Relevez les éléments vous indiquant le caractère rustre et brutal de ces chasseurs (l. 13 à 21).
8. Pourquoi M. Séjour est-il considéré comme un personnage plutôt savant (l. 22 à 24) ?
9. Que pensez-vous de son nom ?
10. Le réplique du vétérinaire : « Crébleu, maît' Blondel, vous avez là une bobonne qui n'est pas piquée des vers » ne vous semble-t-elle pas comique ? Pour quelles raisons ?
11. Qui est M. de Varnetot ?
12. Pourquoi la comparaison avec la chienne Mirza est-elle cruelle (l. 31 à 35) ?
13. Qu'indique la séparation entre les deux grandes parties de cette première page ?
14. Expliquez : « Je vivais en garçon » (l. 37) et « je découvris une jeunesse » (l. 41).
15. Comment M. de Varnetot fait-il entrer la servante à son service (l. 41 à 49) ? Que pensez vous de cet échange ?
16. Rapprochez les allusions à Mirza la chienne (l. 30 à 35) et à Cocote la jument (l. 44 à 49). Pourquoi Maupassant associe-t-il le sort de ces animaux à celui de la jeune servante ?
17. Que pensez-vous du comportement et de la mentalité de M. de Varnetot ? Quels sont ses défauts ? Comment aurait-il dû se conduire ?
18. Comment débute la « vie commune » de Rose et de M. de Varnetot (l. 50 à 58) ?

39

quéqu'fille : quelque fille

mamours : caresses tendres, baisers

On verrait bientôt l'bouquet : on découvrirait bientôt la catastrophe (expression populaire)

bon chien chasse de race : expression populaire équivalant à «Tel père tel fils». Il est donc sous-entendu que le fils Paumelle ne peut que finir mal étant donné son hérédité

c'te p'tite : cette petite

acre : ancienne unité de mesure agraire équivalant à 52 ares aujourd'hui (une are est égale à cent mètres carrés)

bail : contrat de location

mun dans les veines. Ça venait encore de quéqu' fille* qui aura
55 fauté avec son maître.

Bref, elle m'adorait. C'était des cajoleries, des mamours*, des p'tits noms de chien, un tas d' gentillesses à me donner des réflexions.

Je me disais : «Faut pas qu'ça dure, ou je me laisserai
60 prendre!» Mais on ne me prend pas facilement, moi. Je ne suis pas de ceux qu'on enjôle avec deux baisers. Enfin j'avais l'œil; quand elle m'annonça qu'elle était grosse.

Pif! pan! c'est comme si on m'avait tiré deux coups de fusil dans la poitrine. Et elle m'embrassait, elle m'embrassait,
65 elle riait, elle dansait, elle était folle, quoi! Je ne dis rien le premier jour; mais, la nuit, je me raisonnai. Je pensais : «Ça y est; mais faut parer le coup, et couper le fil, il n'est que temps.» Vous comprenez, j'avais mon père et ma mère à Barneville, et ma sœur mariée au marquis d'Yspare, à Rollebec,
70 à deux lieues de Villebon. Pas moyen de blaguer.

Mais comment me tirer d'affaire? Si elle quittait la maison, on se douterait de quelque chose et on jaserait. Si je la gardais, on verrait bientôt l' bouquet*; et puis, je ne pouvais la lâcher comme ça.

75 J'en parlai à mon oncle, le baron de Creteuil, un vieux lapin qui en a connu plus d'une, et je lui demandai un avis. Il me répondit tranquillement :

«Il faut la marier, mon garçon.»

Je fis un bond.

80 «La marier, mon oncle, mais avec qui!»

Il haussa doucement les épaules :

«Avec qui tu voudras, c'est ton affaire et non la mienne. Quand on n'est pas bête on trouve toujours.»

Je réfléchis bien huit jours à cette parole, et je finis par
85 me dire à moi-même : «Il a raison, mon oncle.»

Alors, je commençai à me creuser la tête et à chercher; quand un soir le juge de paix, avec qui je venais de dîner, me dit :

«Le fils de la mère Paumelle vient encore de faire une
90 bêtise; il finira mal, ce garçon-là. Il est bien vrai que bon chien chasse de race*.»

Cette mère Paumelle était une vieille rusée dont la jeunesse avait laissé à désirer. Pour un écu, elle aurait vendu certainement son âme, et son garnement de fils par-dessus
95 le marché.

J'allai la trouver, et tout doucement, je lui fis comprendre la chose.

Comme je m'embarrassais dans mes explications, elle me demanda tout à coup :

100 «Qué qu' vous lui donnerez, à c'te p'tite*?»

Elle était maligne, la vieille, mais moi, pas bête, j'avais préparé mon affaire.

Je possédais justement trois lopins de terre perdus auprès de Sasseville, qui dépendaient de mes trois fermes de Ville-
105 bon. Les fermiers se plaignaient toujours que c'était loin; bref, j'avais repris ces trois champs, six acres* en tout, et, comme mes paysans criaient, je leur avais remis, pour jusqu'à la fin de chaque bail*, toutes leurs redevances en volailles. De cette façon, la chose passa. Alors, ayant acheté un bout de côte à
110 mon voisin M. d'Aumonté, je faisais construire une masure

mottes : morceaux, petits tas

l'lit : le lit

l'ormoire : l'armoire

et pi : et puis

ou ben rien d'fait : ou bien rien ne se fait

si a mourrait : si elle mourrait

çu bien : ce bien

dessus, le tout pour quinze cents francs. De la sorte, je venais de constituer un petit bien qui ne me coûtait pas grand-chose, et je le donnais en dot à la fillette.

La vieille se récria : ce n'était pas assez ; mais je tins bon,
115 et nous nous quittâmes sans rien conclure.

Le lendemain, dès l'aube, le gars vint me trouver. Je ne me rappelais guère sa figure. Quand je le vis, je me rassurai ; il n'était pas mal pour un paysan ; mais il avait l'air d'un rude coquin.

120 Il prit la chose de loin, comme s'il venait acheter une vache. Quand nous fûmes d'accord, il voulut voir le bien ; et nous voilà partis à travers champs. Le gredin me fit bien rester trois heures sur les terres ; il les arpentait, les mesurait, en prenait des mottes* qu'il écrasait dans ses mains, comme s'il
125 avait peur d'être trompé sur la marchandise. La masure n'étant pas encore couverte, il exigea de l'ardoise au lieu de chaume parce que cela demande moins d'entretien !

Puis il me dit :

« Mais l' mobilier, c'est vous qui le donnez ? »

130 Je protestai :

« Non pas ; c'est déjà beau de vous donner une ferme. »

Il ricana :

« J' crai ben, une ferme et un éfant. »

Je rougis malgré moi. Il reprit :

135 « Allons, vous donnerez l' lit*, une table, l'ormoire*, trois chaises et pi* la vaisselle, ou ben rien d' fait*. »

J'y consentis.

Et nous voilà en route pour revenir. Il n'avait pas encore dit un mot de la fille. Mais tout à coup, il demanda d'un air
140 sournois et gêné :

« Mais, si a* mourrait, à qui qu'il irait, çu* bien ? »

COMMENTAIRE DE TEXTE

L'arrangement

I. Les personnages

1. *Qui sont les deux personnages de ce passage ?*
2. *Pour quelle raison se rencontrent-ils ? Que pensez-vous de cette démarche ?*
3. *Pourquoi Maupassant fait-il allusion à l'achat d'une vache ?*

II. L'histoire

1. *Pourquoi ce passage est-il primordial dans le déroulement de l'histoire ?*
2. *Donnez un titre à chacune des quatre parties :*
1re partie : l. 120 à 137
2e partie : l. 138 à 146
3e partie : l. 147 à 153
4e partie : l. 154 à 156

III. Le texte

1. *Quel « appât » M. de Varnetot utilise-t-il pour convaincre le fils Paumelle ?*
2. *Relevez les détails montrant à quel point le fils Paumelle est un homme de la terre (l. 120 à 127).*
3. *Par quelle phrase cinglante réussit-il à se faire donner le mobilier de la ferme (l. 129 à 136) ?*

La condition de la femme au XIXᵉ siècle : de la bourgeoise à la servante

La femme du XIXᵉ siècle est avant tout une épouse et une mère. Les métiers intellectuels valorisants sont quasiment tous tenus par des hommes.

Mais ce sort est enviable si on le compare à celui des jeunes filles de la campagne, astreintes aux travaux des champs ou forcées d'aller se placer en ville comme servantes.

Durant tout le XIXᵉ siècle, le nombre des domestiques ne cesse d'augmenter.

Les petits bourgeois veulent en effet donner l'impression qu'ils appartiennent au grand monde et, quitte à lui faire subir des privations, emploient du personnel.

Ainsi s'expliquent les mauvais traitements subis par les servantes : elles sont la plupart du temps mal logées et mal nourries.

La situation la pire qui soit pour une bonne est de tomber enceinte. Dès que sa grossesse devient visible, elle risque d'être mise à la porte par ses maîtres qui ne s'encombrent généralement pas de ce genre de responsabilités. La bonne qui aura la chance d'être gardée jusqu'à son terme devra payer sa remplaçante durant la semaine ou les semaines pendant lesquelles son état l'empêchera de travailler...

Patronnes et servantes.

● *Chercher dans l'œuvre de Maupassant des exemples de filles-mères, paysannes ou domestiques.*

marmot : petit enfant
(vocabulaire familier)

mioche : enfant
(vocabulaire familier)

le madré coquin : le sacré
coquin

Je répondis :

« Mais à vous, naturellement. »

C'était tout ce qu'il voulait savoir depuis le matin. Aussi-
145 tôt, il me tendit la main d'un mouvement satisfait. Nous
étions d'accord.

Oh ! par exemple, j'eus du mal pour décider Rose. Elle se
traînait à mes pieds, elle sanglotait, elle répétait : « C'est vous
qui me proposez ça ! c'est vous ! c'est vous ! » Pendant plus
150 d'une semaine, elle résista malgré mes raisonnements et mes
prières. C'est bête, les femmes ; une fois qu'elles ont l'amour
en tête, elles ne comprennent plus rien. Il n'y a pas de sagesse
qui tienne, l'amour avant tout, tout pour l'amour !

A la fin je me fâchai et la menaçai de la jeter dehors.
155 Alors elle céda peu à peu, à condition que je lui permettrais
de venir me voir de temps en temps.

Je la conduisis moi-même à l'autel, je payai la cérémonie, j'offris à dîner à toute la noce. Je fis grandement les choses, enfin. Puis : « Bonsoir mes enfants ! » J'allai passer six mois
160 chez mon frère en Touraine.

Quand je fus de retour, j'appris qu'elle était venue chaque semaine au château me demander. Et j'étais à peine arrivé
depuis une heure que je la vis entrer avec un marmot* dans
ses bras. Vous me croirez si vous voulez, mais ça me fit quelque
165 chose de voir ce mioche*. Je crois même que je l'embrassai.

Quant à la mère, une ruine, un squelette, une ombre.
Maigre, vieillie. Bigre de bigre, ça ne lui allait pas, le mariage !
Je lui demandai machinalement :

« Es-tu heureuse ? »
170 Alors elle se mit à pleurer comme une source, avec des
hoquets, des sanglots, et elle criait :

« Je n' peux pas, je n' peux pas m' passer de vous maintenant. J'aime mieux mourir, je n' peux pas ! »

Elle faisait un bruit du diable. Je la consolai comme je
175 pus et je la reconduisis à la barrière.

J'appris en effet que son mari la battait ; et que sa belle-
mère lui rendait la vie dure, la vieille chouette.

Deux jours après elle revenait. Et elle me prit dans ses
bras, elle se traîna par terre :
180 « Tuez-moi, mais je n' veux pas retourner là-bas. »

Tout à fait ce qu'aurait dit Mirza si elle avait parlé !

Ça commençait à m'embêter, toutes ces histoires ; et je
filai pour six mois encore. Quand je revins... Quand je revins,
j'appris qu'elle était morte trois semaines auparavant, après
185 être revenue au château tous les dimanches... toujours comme
Mirza. L'enfant aussi était mort huit jours après.

Quant au mari, le madré* coquin, il héritait. Il a bien
tourné depuis, paraît-il, il est maintenant conseiller municipal.

Puis, M. de Varnetot ajouta en riant :
190 « C'est égal, c'est moi qui ai fait sa fortune à celui-là ! »

Et M. Séjour, le vétérinaire, conclut gravement en portant à sa bouche un verre d'eau-de-vie :

« Tout ce que vous voudrez, mais des femmes comme ça,
il n'en faut pas. »

4. *Pourquoi M. de Varnetot
cède-t-il à ce chantage ? Quel
incident particulier signale sa
honte (l. 130 à 137) ?*
5. *Quelle est la préoccupation
essentielle du futur époux
(l. 141) ?*
6. *Montrez comment ce texte
dénonce le caractère égoïste, in-
téressé et cynique du paysan.*
7. *Que pensez-vous de l'analyse de M. de Varnetot (l. 151 à
153) ?*
8. *Relevez les termes mettant
en valeur la brutalité de M. de
Varnetot et ceux décrivant le
désespoir de Rose (l. 147 à
156).*
9. *Pourquoi peut-on affirmer
qu'elle est une victime innocente ?*

38. *Rose se marie-t-elle finalement ?*
39. *De quelle façon M. de
Varnetot s'implique-t-il dans
ce mariage (l. 157 à 159) ?
Pourquoi fait-il les choses
« grandement » ?*
40. *Quel élément vous indique le caractère profondément
lâche de cet homme
(l. 159-160) ?*
41. *Combien de fois Rose vient-
elle au château ?*
42. *L'amour de Rose est-il
toujours intact au moment où
M. de Varnetot revient au pays
(l. 162-163) ?*
43. *Pourquoi est-il ému en
voyant l'enfant ?*
44. *Relevez les termes décrivant la jeune mère (l. 166-
167).*
45. *Le mariage est-il selon
vous la cause réelle du malheur de Rose ?*
46. *Construisez des expressions sur le modèle de « pleurer
comme une source » (l. 170).*
47. *Énumérez tous les éléments qui font de la vie de Rose
un enfer (l. 170 à 180).*
48. *Quelle solution envisage-
t-elle pour mettre fin à ses
maux ?*
49. *La réussite sociale du mari vous semble-t-elle morale
(l. 187-188) ?*
50. *Imaginez que Rose ait été
plus violente et combative et
inventez une fin qui désavan-
tage M. de Varnetot.*
51. *Pourquoi M. Séjour a-t-il
le mot de la fin (l. 191 à 194) ?*

1. Aux champs

Quelques repères

1. Où se déroule cette histoire ? A quel moment de l'année ?

2. Qui en sont les personnages ? Quels sont leurs noms ?

3. Combien d'enfants chaque famille possède-t-elle ?

4. La vie est-elle difficile pour ces gens ?

5. Qui vient un jour leur rendre visite ? Quels critères particuliers différencient les paysans de leur visiteurs ?

I. L'action

1. Pourquoi peut-on dire que la vie des Vallin et des Tuvache est construite sur le même modèle ?

2. Comment Maupassant traduit-il ces similitudes dans son récit ?

3. Qui est Mme d'Hubières ? Pourquoi couvre-t-elle les enfants de cadeaux ? A quel enfant va sa préférence ? Comment s'explique cet amour pour un enfant inconnu ?

4. Comment la mère du petit réagit-elle ?

5. Comment les d'Hubières convainquent-ils les Vallin ?

6. Combien de temps se passe-t-il entre le départ et le retour au pays de Jean ?

7. Les Vallin reconnaissent-ils leur fils ? Pour quelles raisons est-il si différent d'eux à présent ?

8. Comment réagit Charlot face au succès de son voisin ?

9. Sur quel mot termine-t-il cette nouvelle ? Qu'en pensez-vous ?

II. Thème et style

1. Comment le réalisme de la vie paysanne est-il rendu ? (l. 1 à 31).

2. Relevez quelques phrases ou expressions vous paraissant très représentatives du langage des paysans.

3. De quelle manière Maupassant dénonce-t-il la cupidité des gens qu'il décrit ?

V. Sujets de recherche

1. Écrivez le court dialogue entre le couple Tuvache qui aurait pu suivre le départ de Charlot.

2. Lisez la nouvelle intitulée La Veillée et comparez le couple de cette histoire aux Vallin.

2. Histoire vraie

Quelques repères

1. Où se déroule cette histoire ? A quelle saison sommes-nous ?

2. Qui sont maître Blondel, M. Séjour, M. de Varnetot, Mirza et le comte d'Haussonnel ?

3. A quelle catégorie sociale appartiennent-ils ?

Enfants malheureux, illustration de G. Nick pour l'Orphelin de Maupassant (1904).

II. L'action

1. Pourquoi peut-on dire que les éléments naturels sont hostiles ?

2. Quelle transaction le jeune châtelain effectue-t-il pour obtenir que la jeune servante entre à son service ?

3. Pour quelles raisons ne peut-il pas la laisser l'aimer ?

4. Dans quel but va-t-il trouver le fils Paumelle ?

5. Commentez la phrase : « Il prit la chose de loin, comme s'il venait acheter une vache » (l. 120-121).

6. L'affaire se fait-elle finalement ? Comparez-la avec celle de Aux champs.

7. Pour quelles raisons Monsieur de Varnetot s'absente-t-il six mois à partir du mariage de Rose ?

8. Comment la jeune femme réagit-elle ? Que devient l'enfant ? Le fils Paumelle la traite-t-il bien ?

III. Thème et style

1. Comment Maupassant introduit-il les personnages-mêmes de sa nouvelle ? Par quel procédé ? L'utilise-t-il de manière courante ? Donnez des exemples.

2. Pour quelles raisons l'attitude de M. de Varnetot par rapport à Rose paraît-elle réaliste ?

IV. Sujets de recherche

1. Que pensez-vous des pratiques décrites dans ces deux nouvelles ? Cherchez, dans La Terre de Zola et dans Les Paysans de Balzac d'autres textes critiques sur les mœurs paysannes.

2. Adaptez l'une des deux nouvelles en bande dessinée. Tracez des cadres de différentes tailles sur quatre pages, indiquez l'action ou dessinez les personnages en situation. Ensuite, écrivez le texte général et celui des bulles en vous inspirant du texte original.

La Parure →the ornement/decoration

dot : somme d'argent ou objet(s) de valeur qu'une femme apporte dans son ménage en se mariant

commis : petit employé

antichambre : pièce servant de salon d'attente dans les grands appartements

capitonnées : recouvertes de tissus moelleux

torchères : gros chandeliers

calorifère : appareil de chauffage

sphinx : statue de l'antiquité représentant un lion couché à tête d'homme et symbolisant traditionnellement le mystère et l'énigme

gelinotte : oiseau ressemblant à une perdrix

1   C'était une de ces jolies et charmantes filles, nées, comme par une erreur du destin, dans une famille d'employés. Elle n'avait pas de dot*, pas d'espérances, aucun moyen d'être connue, comprise, aimée, épousée par un homme riche et distin-
5   gué ; et elle se laissa marier avec un petit commis* du ministère de l'Instruction publique.

Elle fut simple, ne pouvant être parée ; mais malheureuse comme une déclassée ; car les femmes n'ont point de caste ni de race, leur beauté, leur grâce et leur charme leur servant
10   de naissance et de famille. Leur finesse native, leur instinct d'élégance, leur souplesse d'esprit, sont leur seule hiérarchie, et font des filles du peuple les égales des plus grandes dames.

Elle souffrait sans cesse, se sentant née pour toutes les délicatesses et tous les luxes. Elle souffrait de la pauvreté de
15   son logement, de la misère des murs, de l'usure des sièges, de la laideur des étoffes. Toutes ces choses, dont une autre femme de sa caste ne se serait même pas aperçue, la torturaient et l'indignaient. La vue de la petite Bretonne qui faisait son humble ménage éveillait en elle des regrets désolés et des
20   rêves éperdus. Elle songeait aux antichambres* muettes, capitonnées* avec des tentures orientales, éclairées par de hautes torchères* de bronze, et aux deux grands valets en culotte courte qui dorment dans les larges fauteuils, assoupis par la chaleur lourde du calorifère*. Elle songeait aux grands salons
25   vêtus de soie ancienne, aux meubles fins portant des bibelots inestimables, et aux petits salons coquets, parfumés, faits pour la causerie de cinq heures avec les amis les plus intimes, les hommes connus et recherchés dont toutes les femmes envient et désirent l'attention.
30   Quand elle s'asseyait, pour dîner, devant la table ronde couverte d'une nappe de trois jours, en face de son mari qui découvrait la soupière en déclarant d'un air enchanté : « Ah ! le bon pot-au-feu ! je ne sais rien de meilleur que cela... » elle songeait aux dîners fins, aux argenteries reluisantes, aux
35   tapisseries peuplant les murailles de personnages anciens et d'oiseaux étranges au milieu d'une forêt de féerie ; elle songeait aux plats exquis servis en des vaisselles merveilleuses, aux galanteries chuchotées et écoutées avec un sourire de sphinx*, tout en mangeant la chair rose d'une truite ou des ailes
40   de gelinotte*.

Elle n'avait pas de toilettes, pas de bijoux, rien. Et elle n'aimait que cela ; elle se sentait faite pour cela. Elle eût tant désiré plaire, être enviée, être séduisante et recherchée.

Elle avait une amie riche, une camarade de couvent
45   qu'elle ne voulait plus aller voir, tant elle souffrait en revenant. Et elle pleurait pendant des jours entiers, de chagrin, de regret, de désespoir et de détresse.

1. *Qui est l'héroïne (l. 1 à 6) ?*
2. *Commentez l'opposition « homme riche et distingué » et « petit commis de ministère » (l. 4 à 6). Sur quoi se fonde la mésalliance ?*

COMMENTAIRE DE TEXTE

Illusion et réalité

I. Les personnages

1. *Le nom de l'héroïne est-il cité dans ce passage (l. 7 à 29) ? Quand apparaît-il (l. 30 à 56) ?*
2. *Qui est l'autre femme de ce passage ?*

II. L'histoire

1. *Pourquoi peut-on dire que ce passage dresse le bilan d'une vie ratée ?*
2. *Donnez un titre à chacune des deux parties.*
1re partie : l. 7 à 12
2e partie : l. 13 à 29

III. Le texte

1. *Expliquez le début du texte : « Elle fut simple, ne pouvant pas être parée ; mais malheureuse comme une déclassée (...) ».*
2. *À quel milieu social appartient l'héroïne ?*
3. *Résumez l'idée émise dans les lignes 8 à 12.*
4. *Relevez tous les termes laissant transparaître la souffrance de cette femme (l. 7 à 20).*
5. *Comparez son logement à celui qu'elle aimerait avoir (l. 13 à 29).*
6. *Définissez, l'idéal de vie de cette femme.*

IV. Au-delà du texte

1. *Peut-on dire que cette femme est victime d'une névrose ?.*
2. *Cherchez dans* Madame Bovary *un passage ou un extrait mettant en scène une femme mal à l'aise dans son milieu.*

★
★ ★

glorieux : fier, important

dompter : maîtriser

quatre cents francs : grosse somme d'argent à l'époque de Maupassant

Or, un soir, son mari rentra, l'air glorieux* et tenant à la main une large enveloppe.

50 «Tiens, dit-il, voici quelque chose pour toi.»

Elle déchira vivement le papier et en tira une carte imprimée qui portait ces mots :

«Le ministre de l'Instruction publique et Mme Georges Ramponneau prient M. et Mme Loisel de leur faire l'honneur de venir passer la soirée à l'hôtel du ministère, le lundi 55 18 janvier.»

Au lieu d'être ravie, comme l'espérait son mari, elle jeta avec dépit l'invitation sur la table, murmurant :

«Que veux-tu que je fasse de cela ?

60 — Mais, ma chérie, je pensais que tu serais contente. Tu ne sors jamais, et c'est une occasion, cela, une belle ! J'ai eu une peine infinie à l'obtenir. Tout le monde en veut ; c'est très recherché et on n'en donne pas beaucoup aux employés. Tu verras là tout le monde officiel.»

65 Elle le regardait d'un œil irrité, et elle déclara avec impatience :

«Que veux-tu que je me mette sur le dos pour aller là ?»

Il n'y avait pas songé ; il balbutia :

«Mais la robe avec laquelle tu vas au théâtre. Elle me 70 semble très bien, à moi...»

Il se tut, stupéfait, éperdu, en voyant que sa femme pleurait. Deux grosses larmes descendaient lentement des coins des yeux vers les coins de la bouche ; il bégaya :

«Qu'as-tu ? qu'as-tu ?»

75 Mais, par un effort violent, elle avait dompté* sa peine et elle répondit d'une voix calme en essuyant ses joues humides :

«Rien. Seulement je n'ai pas de toilette et par conséquent je ne peux aller à cette fête. Donne ta carte à quelque collègue dont la femme sera mieux nippée que moi.»

80 Il était désolé. Il reprit :

«Voyons, Mathilde. Combien cela coûterait-il, une toilette convenable, qui pourrait te servir encore en d'autres occasions, quelque chose de très simple ?»

Elle réfléchit quelques secondes, établissant ses comptes 85 et songeant aussi à la somme qu'elle pouvait demander sans s'attirer un refus immédiat et une exclamation effarée du commis économe.

Enfin, elle répondit en hésitant :

«Je ne sais pas au juste, mais il me semble qu'avec quatre 90 cents francs* je pourrais arriver.»

Il avait un peu pâli, car il réservait juste cette somme pour acheter un fusil et s'offrir des parties de chasse, l'été suivant, dans la plaine de Nanterre, avec quelques amis qui allaient tirer des alouettes, par là, le dimanche.

95 Il dit cependant :

tâcher → to try/to attempt

«Soit. Je te donne quatre cents francs. Mais tâche d'avoir une belle robe.»

★
★ ★

Le jour de la fête approchait, et Mme Loisel semblait triste, inquiète, anxieuse. Sa toilette était prête cependant. Son mari 100 lui dit un soir :

3. *Relevez tous les éléments mettant en valeur la délicatesse, le romantisme et les goûts de luxe de l'héroïne (l. 34 à 40).*
4. *Pourquoi notre héroïne souffre-t-elle quand elle rend visite à son amie d'enfance (l. 44 à 47) ?*
5. *A quelle occasion apparaissent les dialogues (l. 48 à 50) ?*
6. *De quel message le mari est-il porteur (l. 53 à 56) ?*
7. *Quel est le nom des deux époux (l. 54) ? Que pensez-vous de ce nom ? Est-il drôle ? Pourquoi ?*
8. *Comparez la présentation des quatre personnages (l. 53-54). Que symbolise la longueur de leurs noms et titres ?*
9. *Mme Loisel est-elle heureuse d'être invitée à cette soirée (l. 57 à 67) ? Pour quelle raison ?*
10. *Pourquoi M. Loisel, lui, est-il content d'avoir obtenu cette invitation (l. 60 à 64) ?*
11. *Combien Mme Loisel a-t-elle de toilettes pour sortir dans le monde (l. 69-70) ? Ce « vestiaire » vous semble-t-il suffisant ou pas assez important pour l'époque ?*
12. *Comment se traduisent sa peine et sa honte (l. 72 à 79) ? Pourquoi emploie-t-elle le mot « nippée » (l. 79) ?*
13. *Quel est le prénom de Mme Loisel (l. 80 à 83) ?*
14. *Ennuyé par le chagrin de sa femme, que propose M. Loisel (l. 81 à 83) ? Quelles conditions impose-t-il à cet achat ? Pourquoi ces arguments mettent-ils en valeur un très fort sens de l'économie ?*
15. *A quel usage M. Loisel destinait-il les 400 F qu'il accorde finalement à sa femme (l. 91 à 94) ?*
16. *La chasse est un sujet fréquemment abordé par Maupassant, citez les titres de cinq de ses nouvelles où il soit question de chasse.*
17. *Dans quel état d'esprit se trouve Mme Loisel à la veille de la fête (l. 98 à 105) ? Quelle est la cause de cet abattement ?*

l'air misère : l'air
misérable, pauvre

« Qu'as-tu ? Voyons, tu es toute drôle depuis trois jours. »

Et elle répondit :

« Cela m'ennuie de n'avoir pas un bijou, pas une pierre, rien à mettre sur moi. J'aurai l'air misère*, comme tout.
105　J'aimerais presque mieux ne pas aller à cette soirée. »

Il reprit :

« Tu mettras des fleurs naturelles. C'est très chic en cette saison-ci. Pour dix francs tu auras deux ou trois roses magnifiques. »

110　Elle n'était point convaincue.

« Non... il n'y a rien de plus humiliant que d'avoir l'air pauvre au milieu de femmes riches. »

Mais son mari s'écria :

« Que tu es bête ! Va trouver ton amie Mᵐᵉ Forestier et
115　demande-lui de te prêter des bijoux. Tu es bien assez liée avec elle pour faire cela. »

Elle poussa un cri de joie :

« C'est vrai. Je n'y avais point pensé. »

Le lendemain, elle se rendit chez son amie et lui conta
120　sa détresse.

Mᵐᵉ Forestier alla vers son armoire à glace, prit un large coffret, l'apporta, l'ouvrit, et dit à Mᵐᵉ Loisel :

« Choisis, ma chère. »

Elle vit d'abord des bracelets, puis un collier de perles,
125　puis une croix vénitienne, or et pierreries, d'un admirable tra-

18. *Quelle solution propose M. Loisel (l. 107 à 109) ? Vous surprend-elle ? Pourquoi ?*
19. *Qui est Mᵐᵉ Forestier (l. 114 à 116) ?*
20. *A quelle occasion Mᵐᵉ Loisel retrouve-t-elle sa gaieté (l. 117) ?*
21. *Énumérez les éléments montrant la richesse de Mᵐᵉ Forestier (l. 121 à 127).*
22. *Qu'est-ce qu'un rythme ternaire ? Cherchez la définition de cette procédure de style et relevez deux exemples dans cette page.*
23. *Cherchez dans une encyclopédie des représentations de costumes du XIXᵉ siècle. Décrivez l'habit d'un homme et celui d'une femme.*
24. *Les bijoux sont-ils à l'époque un élément important de la toilette d'une femme ? Pour quelles raisons ?*

La vie parisienne à la fin du XIXᵉ siècle

Le visage de la ville de Paris s'est profondément modifié sous le règne de l'empereur Napoléon III, entre 1851 et 1871.

Une politique de grands travaux a, en effet, tracé de nouvelles artères très larges, bordées d'immeubles cossus, qui font l'admiration de l'Europe entière. Les grands boulevards — c'est ainsi qu'on les appelle de nos jours — furent percés dans des quartiers initialement populaires que l'Empire destinait à la réhabilitation. L'effort financier consenti pour la restauration de l'urbanisme parisien fut considérable. Dans les nouveaux quartiers ainsi réaménagés, une vie artistique, culturelle et mondaine intense vint renforcer la réputation de Paris, ville de loisirs et d'amusements de toutes sortes.

Dans le courant des années 1880, les Parisiens peuvent donc se promener à leur guise sur ces grands boulevards (qui ne sont encore parcourus que par les fiacres) et s'arrêter à la terrasse des cafés pour y prendre un verre. La tradition des cafés est bien ancienne à Paris : elle date du XVIIIᵉ siècle. Dans ces établissements chics, les élégantes en grande parure prennent une glace ou des gâteaux autour d'un thé ; les messieurs parlent affaires ou s'amusent à des conversations galantes.

Peu après les théâtres, très nombreux sur les boulevards (la plupart sont devenus aujourd'hui des cinémas), ouvrent leurs portes. On peut aller voir jouer la dernière pièce de Labiche ou de Feydeau et prendre plaisir à ces intrigues qui mettent en scène des personnages qui ressemblent à leur public : entrepreneurs et employés de l'industrie et du commerce y retrouvent un peu de leur vie et applaudissent à sa représentation, même caricaturale.

A l'Opéra, construit peu de temps auparavant, l'art lyrique déploie ses fastes, tandis que dans les petits théâtres l'opérette donne leur chance à de petites actrices demi-mondaines prêtes à tout pour réussir, entretenues fréquemment par un riche protecteur.

*« Sortie du bal
de l'Opéra »
par E. la Grange.*

Mais pour s'amuser ainsi, il faut faire partie des classes les plus aisées de la société. Plus à l'est, dans les faubourgs ouvriers de la capitale, au nord entre Montmartre et Belleville, la misère, l'alcoolisme et la tuberculose frappent un petit peuple besogneux pour qui la vie parisienne n'est qu'une existence répétitive et monotone, celle de travaux sous-payés. Cette vie rude s'oublie dans les cabarets mal famés et les débits de boissons. Bien des parisiens, paysans pauvres exilés à la ville à cause des crises agricoles ont vécu des années dans la capitale sans jamais profiter de ce que d'autres ont connu chaque jour et chaque nuit.

● *Qui était Haussmann ? Qu'a-t-il fait pour Paris ?*
● *Citer les noms de trois théâtres parisiens actuels.*

rivière de diamants :
collier de diamants

robe montante : robe sans
décolleté, couvrant les
épaules et le cou

attaché du cabinet :
employé du ministère

grisée : étourdie

fiacre : voiture à cheval

coupé : voiture fermée à
deux places

noctambules : que l'on voit
surtout la nuit

vail. Elle essayait les parures devant la glace, hésitait, ne pouvait se décider à les quitter, à les rendre. Elle demandait toujours :

« Tu n'as plus rien d'autre ?

130 — Mais si. Cherche. Je ne sais pas ce qui peut te plaire. »

Tout à coup elle découvrit, dans une boîte de satin noir, une superbe rivière de diamants*, et son cœur se mit à battre d'un désir immodéré. Ses mains tremblaient en la prenant. Elle l'attacha autour de sa gorge, sur sa robe montante*, et

135 demeura en extase devant elle-même.

Puis, elle demanda, hésitante, pleine d'angoisse :

« Peux-tu me prêter cela, rien que cela ?

— Mais oui, certainement. »

Elle sauta au cou de son amie, l'embrassa avec emporte-

140 ment, puis s'enfuit avec son trésor.

Le jour de la fête arriva. Mme Loisel eut un succès. Elle était plus jolie que toutes, élégante, gracieuse, souriante et folle de joie. Tous les hommes la regardaient, demandaient son nom, cherchaient à être présentés. Tous les attachés du cabi-

145 net* voulaient valser avec elle. Le ministre la remarqua.

Elle dansait avec ivresse, avec emportement, grisée* par le plaisir, ne pensant plus à rien, dans le triomphe de sa beauté, dans la gloire de son succès, dans une sorte de nuage de bonheur fait de tous ces hommages, de toutes ces admirations, de

150 tous ces désirs éveillés, de cette victoire si complète et si douce au cœur des femmes.

Elle partit vers quatre heures du matin. Son mari, depuis minuit, dormait dans un petit salon désert avec trois autres messieurs dont les femmes s'amusaient beaucoup.

155 Il lui jeta sur les épaules les vêtements qu'il avait apportés pour la sortie, modestes vêtements de la vie ordinaire, dont la pauvreté jurait avec l'élégance de la toilette de bal. Elle le sentit et voulut s'enfuir, pour ne pas être remarquée par les autres femmes qui s'enveloppaient de riches fourrures.

160 Loisel la retenait :

« Attends donc. Tu vas attraper froid dehors. Je vais appeler un fiacre*. »

Mais elle ne l'écoutait point et descendait rapidement l'escalier. Lorsqu'ils furent dans la rue, ils ne trouvèrent pas

165 de voiture ; et ils se mirent à chercher, criant après les cochers qu'ils voyaient passer de loin.

Ils descendaient vers la Seine, désespérés, grelottants. Enfin ils trouvèrent sur le quai un de ces vieux coupés* noctambules* qu'on ne voit dans Paris que la nuit venue, comme

170 s'ils eussent été honteux de leur misère pendant le jour.

Il les ramena jusqu'à leur porte, rue des Martyrs, et ils remontèrent tristement chez eux. C'était fini, pour elle. Et il songeait, lui, qu'il lui faudrait être au ministère à dix heures.

Elle ôta les vêtements dont elle s'était enveloppé les

175 épaules, devant la glace, afin de se voir encore une fois dans sa gloire. Mais soudain elle poussa un cri. Elle n'avait plus sa rivière autour du cou !

Son mari, à moitié dévêtu déjà, demanda :

« Qu'est-ce que tu as ? »

25. *Sur quel bijou Mme Loisel arrête-t-elle finalement son choix (l. 131 à 135)?*
26. *Relevez les éléments décrivant son émotion et son plaisir (l. 131 à 140).*
27. *Qu'indiquent les étoiles séparant le texte de cette page en deux parties ?*
28. *La soirée est-elle réussie pour Mme Loisel ? Relevez tous les éléments marquant son succès (l. 141 à 145). Commentez la phrase : « Le ministre la remarqua. »*
29. *A quelle thématique se rapportent les termes « ivresse », « emportement », « grisée » (l. 146)? Dans quel but Maupassant les utilise-t-il ?*
30. *Relevez dans le deuxième paragraphe (l. 146 à 151), deux exemples de rythme ternaire ; cette procédure de style vous paraît-elle appuyer avec succès la description ? Pourquoi ?*
31. *À quelle heure Mme Loisel quitte-t-elle le bal (l. 152 à 154)? Son mari a-t-il jusque-là lui aussi participé aux festivités ? Pourquoi est-ce drôle ?*
32. *Pour quelle raison notre héroïne part-elle précipitamment (l. 155 à 159)?*
33. *Sitôt dans la rue, nos deux personnages retrouvent leur pauvre vie sans éclat. Relevez les quatre adjectifs vous indiquant leur difficile retour à la réalité (l. 167 à 173).*
34. *Dans quelle rue habitent-ils (l. 171)? Maupassant a-t-il choisi selon vous cette adresse au hasard ? Pourquoi ce détail fait-il sourire ? Cette rue existe-t-elle vraiment ? Cherchez-la dans un plan de Paris.*
35. *Qu'arrive-t-il lorsque Mme Loisel se regarde dans la glace en rentrant chez elle (l. 174 à 177)?*

état d'effarement : état de grande frayeur

180 Elle se tourna vers lui, affolée :
« J'ai... j'ai... je n'ai plus la rivière de Mme Forestier. »
Il se dressa, éperdu :
« Quoi !... comment !... Ce n'est pas possible ! »

Et ils cherchèrent dans les plis de la robe, dans les plis du
185 manteau, dans les poches, partout. Ils ne la trouvèrent point.
Il demandait :
« Tu es sûre que tu l'avais encore en quittant le bal ?
— Oui, je l'ai touchée dans le vestibule du ministère.
— Mais si tu l'avais perdue dans la rue, nous l'aurions
190 entendue tomber. Elle doit être dans le fiacre. hautrey
— Oui, C'est probable. As-tu pris le numéro ?
— Non. Et toi, tu ne l'as pas regardé ?
— Non. »
Ils se contemplaient atterrés. Enfin Loisel se rhabilla.
195 « Je vais, dit-il, refaire tout le trajet que nous avons fait à
pied, pour voir si je ne la retrouverai pas. »
Et il sortit. Elle demeura en toilette de soirée, sans force
pour se coucher, abattue sur une chaise, sans feu, sans pensée.
Son mari rentra vers sept heures. Il n'avait rien trouvé.
200 Il se rendit à la préfecture de Police, aux journaux, pour
faire promettre une récompense, aux compagnies de petites
voitures, partout enfin où un soupçon d'espoir le poussait.
Elle attendit tout le jour, dans le même état d'effarement*
devant cet affreux désastre.
205 Loisel revint le soir, avec sa figure creusée, pâlie ; il
n'avait rien découvert.
« Il faut, dit-il, écrire à ton amie que tu as brisé la ferme-
ture de sa rivière et que tu la fais réparer. Cela nous donnera
le temps de nous retourner. »
210 Elle écrivit sous sa dictée.

★
★ ★

Au bout d'une semaine, ils avaient perdu toute espérance.
Et Loisel, vieilli de cinq ans, déclara :
« Il faut aviser à remplacer ce bijou. »

La parure, réclame de Fémina, *1912.*

36. *Comment Maupassant traduit-il l'affolement de ses deux personnages (l. 180 à 183) ?*
37. *Où Mme Loisel a-t-elle perdu la parure ? Au ministère ? Dans le fiacre ? Dans la rue ?*
38. *Que signifie l'expression « être atterré » (l. 194) ?*
39. *Les réactions des deux époux face à la perte du bijou sont opposées. Commentez celle du mari (l. 194 à 196 ; l. 200 à 202 ; l. 207 à 209) et celle de la femme (l. 197-198 ; l. 203-204 ; l. 210).*
40. *Commentez l'opposition : « Au bout d'une semaine »/« vieilli de cinq ans » (l. 211-212).*
41. *Quelle décision prend M. Loisel quand tout espoir de retrouver le bijou a disparu (l. 211 à 215) ?*
42. *Pourquoi la passivité de Mme Loisel correspond-elle bien à son tempérament défaitiste ?*

joaillier : bijoutier spécialisé dans les joyaux, les pierres précieuses

écrin : boîte contenant un bijou

quarante mille francs : somme énorme au XIXᵉ siècle

louis : ancienne monnaie ; pièce d'or valant vingt francs de l'époque

billets : reconnaissances de dettes

usuriers : personnes qui prêtent de l'argent

nécessiteux : gens qui vivent dans le besoin

mansarde : petite chambre sous les toits

mettre au net : mettre au propre, recopier

215   Ils prirent, le lendemain, la boîte qui l'avait renfermé, et se rendirent chez le joaillier*, dont le nom se trouvait dedans. Il consulta ses livres :

«Ce n'est pas moi, Madame, qui ai vendu cette rivière ; j'ai dû seulement fournir l'écrin*.»

    Alors ils allèrent de bijoutier en bijoutier, cherchant une
220 parure pareille à l'autre, consultant leurs souvenirs, malades tous deux de chagrin et d'angoisse.

    Ils trouvèrent, dans une boutique du Palais-Royal, un chapelet de diamants qui leur parut entièrement semblable à celui qu'ils cherchaient. Il valait quarante mille francs*. On le leur
225 laisserait à trente-six mille.

    Ils prièrent donc le joaillier de ne pas le vendre avant trois jours. Et ils firent condition qu'on le reprendrait, pour trente-quatre mille francs, si le premier était retrouvé avant la fin de février.

230   Loisel possédait dix-huit mille francs que lui avait laissés son père. Il emprunterait le reste.

    Il emprunta, demandant mille francs à l'un, cinq cents à l'autre, cinq louis* par-ci, trois louis par-là. Il fit des billets*, prit des engagements ruineux, eut affaire aux usuriers*, à tou-
235 tes les races de prêteurs. Il compromit toute la fin de son existence, risqua sa signature sans savoir même s'il pourrait y faire honneur, et, épouvanté par les angoisses de l'avenir, par la noire misère qui allait s'abattre sur lui, par la perspective de toutes les privations physiques et de toutes les tortures morales,
240 il alla chercher la rivière nouvelle, en déposant sur le comptoir du marchand trente-six mille francs.

    Quand Mᵐᵉ Loisel reporta la parure à Mᵐᵉ Forestier, celle-ci lui dit, d'un air froissé :

«Tu aurais dû me la rendre plus tôt, car je pouvais en
245 avoir besoin.»

    Elle n'ouvrit pas l'écrin, ce que redoutait son amie. Si elle s'était aperçue de la substitution, qu'aurait-elle pensé ? qu'aurait-elle dit ? Ne l'aurait-elle pas prise pour une voleuse ?

★
★   ★

    Mᵐᵉ Loisel connut la vie horrible des nécessiteux*. Elle
250 prit son parti, d'ailleurs, tout d'un coup, héroïquement. Il fallait payer cette dette effroyable. Elle payerait. On renvoya la bonne ; on changea de logement ; on loua sous les toits une mansarde*.

    Elle connut les gros travaux du ménage, les odieuses beso-
255 gnes de la cuisine. Elle lava la vaisselle, usant ses ongles roses sur les poteries grasses et le fond des casseroles. Elle savonna le linge sale, les chemises et les torchons, qu'elle faisait sécher sur une corde ; elle descendit à la rue, chaque matin, les ordures, et monta l'eau, s'arrêtant à chaque étage pour souffler. Et,
260 vêtue comme une femme du peuple, elle alla chez le fruitier, chez l'épicier, chez le boucher, le panier au bras, marchandant, injuriée, défendant sou à sou son misérable argent.

    Il fallait chaque mois payer des billets, en renouveler d'autres, obtenir du temps.

265   Le mari travaillait, le soir, à mettre au net* les comptes

43. Est-il difficile de trouver la même parure (l. 219-221) ? Pourquoi les époux tiennent-ils absolument à acheter le même bijou ?

44. Combien vaut le collier qu'ils finissent par trouver (l. 222 à 225) ? Est-ce beaucoup d'argent pour nos personnages ? Commentez votre réponse.

45. Comment M. Loisel parvient-il à réunir cette somme (l. 230 à 241) ? Que pensez-vous du rythme de ce récit ? En quoi traduit-il l'effervescence du moment ?

46. Pourquoi peut-on affirmer que cet endettement va complètement anéantir la vie du couple (l. 235 à 239) ?

47. Quelle est la réaction de Mme Forestier quand son amie lui rend la parure enfin remplacée (l. 242 à 245) ? Pourquoi son attitude nous oblige-t-elle à prendre les époux Loisel en pitié ?

48. La vie de nos deux principaux personnages va être bouleversée par leur endettement énorme. Quels sont les premiers changements (l. 249 à 253) ?

49. Enumérez les tâches que Mme Loisel doit maintenant effectuer elle-même (l. 254 à 262).

50. Que fait son mari en contrepartie (l. 265 à 267) ?

51. Combien de temps mettent-ils à rembourser la somme empruntée (l. 268 à 270) ?

52. Pourquoi peut-on parler de déchéance du couple Loisel ?

d'un commerçant, et la nuit, souvent, il faisait de la copie à cinq sous* la page.

Et cette vie dura dix ans.

270 Au bout de dix ans, ils avaient tout restitué, tout, avec le taux de l'usure*, et l'accumulation des intérêts superposés*.

Mme Loisel semblait vieille, maintenant. Elle était devenue la femme forte, et dure, et rude, des ménages pauvres. Mal peignée, avec les jupes de travers et les mains rouges, 275 elle parlait haut, lavait à grande eau les planchers. Mais parfois, lorsque son mari était au bureau, elle s'asseyait auprès de la fenêtre, et elle songeait à cette soirée d'autrefois, à ce bal où elle avait été si belle et si fêtée.

Que serait-il arrivé si elle n'avait point perdu cette parure ? Qui sait ? qui sait ? Comme la vie est singulière, chan- 280 geante ! Comme il faut peu de chose pour vous perdre ou vous sauver !

Or, un dimanche, comme elle était allée faire un tour aux Champs-Élysées pour se délasser des besognes de la semaine, elle aperçut tout à coup une femme qui promenait un enfant. 285 C'était Mme Forestier, toujours jeune, toujours belle, toujours séduisante.

Mme Loisel se sentit émue. Allait-elle lui parler ? Oui, certes. Et maintenant qu'elle avait payé, elle lui dirait tout. Pourquoi pas ?

290 Elle s'approcha.

« Bonjour, Jeanne. »

L'autre ne la reconnaissait point, s'étonnant d'être appelée ainsi familièrement par cette bourgeoise. Elle balbutia* :

« Mais... Madame !... Je ne sais... Vous devez vous tromper. 295 — Non. Je suis Mathilde Loisel. »

Son amie poussa un cri.

« Oh !... ma pauvre Mathilde, comme tu es changée !...

— Oui, j'ai eu des jours bien durs, depuis que je ne t'ai vue ; et bien des misères... et cela à cause de toi !... 300 — De moi... Comment ça ?

— Tu te rappelles bien cette rivière de diamants que tu m'as prêtée pour aller à la fête du ministère.

— Oui. Eh bien ?

— Eh bien, je l'ai perdue. 305 — Comment ! puisque tu me l'as rapportée.

— Je t'en ai rapporté une autre toute pareille. Et voilà dix ans que nous la payons. Tu comprends que ça n'était pas aisé* pour nous, qui n'avions rien... Enfin c'est fini, et je suis rudement contente. 310 — Tu dis que tu as acheté une rivière de diamants pour remplacer la mienne ?

— Oui. Tu ne t'en étais pas aperçue, hein ? Elles étaient bien pareilles. »

Et elle souriait d'une joie orgueilleuse et naïve. 315 Mme Forestier, fort émue, lui prit les deux mains.

« Oh ! ma pauvre Mathilde ! Mais la mienne était fausse. Elle valait au plus cinq cents francs !... »

(17 février 1884.)

Un lâche

1   On l'appelait dans le monde : le « beau Signoles ». Il se
nommait le vicomte* Gontran-Joseph de Signoles.

Orphelin et maître d'une fortune suffisante, il faisait
figure, comme on dit. Il avait de la tournure et de l'allure,
5 assez de parole pour faire croire à de l'esprit, une certaine
grâce naturelle, un air de noblesse et de fierté, la moustache
brave et l'œil doux, ce qui plaît aux femmes.

Il était demandé dans les salons, recherché par les valseu-
ses, et il inspirait aux hommes cette inimitié souriante qu'on
10 a pour les gens de figure énergique. On lui avait soupçonné
quelques amours capables de donner fort bonne opinion d'un
garçon. Il vivait heureux, tranquille, dans le bien-être moral
le plus complet. On savait qu'il tirait bien l'épée* et mieux
encore le pistolet.

15   « Quand je me battrai, disait-il, je choisirai le pistolet.
Avec cette arme, je suis sûr de tuer mon homme. »

Or, un soir, comme il avait accompagné au théâtre deux
jeunes femmes de ses amies, escortées d'ailleurs de leurs
époux, il leur offrit, après le spectacle, de prendre une
20 glace chez Tortoni*. Ils étaient entrés depuis quelques minutes, quand il s'aperçut qu'un monsieur assis à une table voisine regardait avec obstination une de ses voisines. Elle semblait gênée, inquiète, baissait la tête. Enfin elle dit à son mari :

« Voici un homme qui me dévisage. Moi, je ne le connais
25 pas ; le connais-tu ? »

Le mari, qui n'avait rien vu, leva les yeux, mais déclara :
« Non, pas du tout. »

La jeune femme reprit, moitié souriante, moitié fâchée :
« C'est fort gênant ; cet individu me gâte ma glace. »

30   Le mari haussa les épaules :
« Bast ! n'y fais pas attention. S'il fallait s'occuper de tous
les insolents qu'on rencontre, on n'en finirait pas. »

Mais le vicomte s'était levé brusquement. Il ne pouvait
admettre que cet inconnu gâtât une glace qu'il avait offerte.
35 C'était à lui que l'injure s'adressait, puisque c'était par lui et
pour lui que ses amis étaient entrés dans ce café. L'affaire
donc ne regardait que lui.

Il s'avança vers l'homme et lui dit :
« Vous avez, Monsieur, une manière de regarder ces
40 dames que je ne puis tolérer. Je vous prie de vouloir bien ces-
ser cette insistance. »

L'autre répliqua :
« Vous allez me ficher la paix, vous. »

Le vicomte déclara, les dents serrées :
45   « Prenez garde, Monsieur, vous allez me forcer à passer
la mesure*. »

Le monsieur ne répondit qu'un mot, un mot ordurier*
qui sonna d'un bout à l'autre du café, et fit, comme par l'effet
d'un ressort, accomplir à chaque consommateur un mouve-
50 ment brusque. Tous ceux qui tournaient le dos se retournè-
rent ; tous les autres levèrent la tête ; trois garçons pivotèrent
sur leurs talons comme des toupies ; les deux dames du comptoir eurent un sursaut, puis une conversion* du torse entier,

automates : pantins articulés

duel : combat armé entre deux adversaires

témoins : chacun des deux duellistes devait avoir deux témoins, afin de valider le caractère réglementaire du combat et... de porter secours au perdant

les gens les plus posés : les gens les plus sérieux, les plus pondérés, les plus dignes de confiance

se montrer crâne : faire le fier, montrer que l'on n'a pas peur

bec de gaz : réverbère

insolemment : avec insolence, effronterie

réciproque : des deux côtés

comme si elles eussent été deux automates* obéissant à la
55 même manivelle.

Un grand silence s'était fait. Puis, tout à coup, un bruit sec claqua dans l'air. Le vicomte avait giflé son adversaire. Tout le monde se leva pour s'interposer. Des cartes furent échangées.

60 Quand le vicomte fut rentré chez lui, il marcha pendant quelques minutes à grands pas vifs, à travers sa chambre. Il était trop agité pour réfléchir à rien. Une seule idée planait sur son esprit : «un duel*», sans que cette idée éveillât encore en lui une émotion quelconque. Il avait fait ce qu'il devait
65 faire ; il s'était montré ce qu'il devait être. On en parlerait on l'approuverait, on le féliciterait. Il répétait à voix haute, parlant comme on parle dans les grands troubles de pensée :

«Quelle brute que cet homme !»

Puis il s'assit et se mit à réfléchir. Il lui fallait, dès le
70 matin, trouver des témoins*. Qui choisirait-il ? Il cherchait les gens les plus posés* et les plus célèbres de sa connaissance. Il prit enfin le marquis de La Tour-Noire et le colonel Bourdin, un grand seigneur et un soldat, c'était fort bien. Leurs noms porteraient dans les journaux. Il s'aperçut qu'il avait soif et il
75 but, coup sur coup, trois verres d'eau ; puis il se remit à marcher. Il se sentait plein d'énergie. En se montrant crâne*, résolu à tout, et en exigeant des conditions rigoureuses, dangereuses, en réclamant un duel sérieux, très sérieux, terrible, son adversaire reculerait probablement et ferait des excuses.

80 Il reprit la carte qu'il avait tirée de sa poche et jetée sur sa table et il la relut comme il l'avait déjà lue, au café, d'un coup d'œil, et, dans le fiacre, à la lueur de chaque bec de gaz*, en revenant. «Georges Lamil, 51, rue Moncey.» Rien de plus.

Il examinait ces lettres assemblées qui lui paraissaient
85 mystérieuses, pleines de sens confus : Georges Lamil ? Qui était cet homme ? Que faisait-il ? Pourquoi avait-il regardé cette femme d'une pareille façon ? N'était-ce pas révoltant qu'un étranger, un inconnu vînt troubler ainsi votre vie, tout d'un coup, parce qu'il lui avait plu de fixer insolemment* les
90 yeux sur une femme ? Et le vicomte répéta encore une fois, à haute voix :

«Quelle brute !»

Puis il demeura immobile, debout, songeant, le regard toujours planté sur la carte. Une colère s'éveillait en lui contre
95 ce morceau de papier, une colère haineuse où se mêlait un étrange sentiment de malaise. C'était stupide, cette histoire-là ! Il prit un canif ouvert sous sa main et le piqua au milieu du nom imprimé, comme s'il eût poignardé quelqu'un.

Donc il fallait se battre ! Choisirait-il l'épée ou le pisto-
100 let, car il se considérait bien comme l'insulté ? Avec l'épée, il risquait moins ; mais avec le pistolet il avait chance de faire reculer son adversaire. Il est bien rare qu'un duel à l'épée soit mortel, une prudence réciproque* empêchant les combattants de se tenir en garde assez près l'un de l'autre pour qu'une
105 pointe entre profondément. Avec le pistolet il risquait sa vie sérieusement ; mais il pouvait aussi se tirer d'affaire avec tous les honneurs de la situation et sans arriver à une rencontre.

oppressé : angoissé, nerveux

Il prononça :

« Il faut être ferme. Il aura peur. »

110 Le son de sa voix le fit tressaillir et il regarda autour de lui. Il se sentait fort nerveux. Il but encore un verre d'eau, puis commença à se dévêtir pour se coucher.

Dès qu'il fut au lit il souffla sa lumière et ferma les yeux.

Il pensait :

115 « J'ai toute la journée de demain pour m'occuper de mes affaires. Dormons d'abord afin d'être calme. »

Il avait très chaud dans ses draps, mais il ne pouvait parvenir à s'assoupir. Il se tournait et se retournait, demeurait cinq minutes sur le dos, puis se plaçait sur le côté gauche, puis se

120 roulait sur le côté droit.

Il avait encore soif. Il se releva pour boire. Puis une inquiétude le saisit :

« Est-ce que j'aurais peur ? »

Pourquoi son cœur se mettait-il à battre follement à chaque

125 que bruit connu de sa chambre ? Quand la pendule allait sonner, le petit grincement du ressort qui se dresse lui faisait faire un sursaut ; et il lui fallait ouvrir la bouche pour respirer ensuite pendant quelques secondes, tant il demeurait oppressé*.

130 Il se mit à raisonner avec lui-même sur la possibilité de cette chose :

« Aurais-je peur ? »

Non certes, il n'aurait pas peur, puisqu'il était résolu à aller jusqu'au bout, puisqu'il avait cette volonté bien arrêtée

135 de se battre, de ne pas trembler. Mais il se sentait si profondément troublé qu'il se demanda :

« Peut-on avoir peur malgré soi ? »

Et ce doute l'envahit, cette inquiétude, cette épouvante ; si une force plus puissante que sa volonté, dominatrice, irrésis-

140 tible, le domptait, qu'arriverait-il ? Oui, que pouvait-il arriver ?

Duel vers 1880.

31. *Le fait de parler tout haut rassure-t-il le vicomte (l. 108 à 111) ?*

32. *Pourquoi boit-il tant d'eau (l. 111) ?*

33. *Qu'est-ce qu'un duel (l. 63) ? Était-il courant de se battre en duel à l'époque de Maupassant ?*

34. *Pourquoi est-il nécessaire d'avoir des témoins lors d'un duel (l. 69-70) ?*

35. *Le vicomte parvient-il à dormir (l. 113 à 121) ? Comment son angoisse se traduit-elle ?*

36. *La question qu'il se pose ne vous paraît-elle pas ridicule (l. 123) ? Commentez votre réponse.*

37. *Pourquoi le paragraphe qui suit (l. 124 à 129), répond-il largement à cette interrogation ?*

38. *Quels arguments le vicomte se donne-t-il à lui-même (l. 130 à 137) ? Qu'en pensez-vous ?*

39. *Pourquoi peut-on dire que son état s'aggrave de minute en minute (l. 130 à 143) ?*

40. *Par quels termes le mot « doute » est-il remplacé (l. 138) ? Commentez ce choix.*

Le duel, une coutume féodale

Le duel est une habitude bien ancienne, héritée des combats chevaleresques du Moyen Age et régie par les règles très strictes du code de l'honneur. Théoriquement interdit par Richelieu qui désirait mettre un terme à une hécatombe inutile, le duel persista longtemps dans les mœurs aristocratiques et se perpétua dans les milieux militaires sous la Révolution et l'Empire pendant tout le XIXᵉ siècle, malgré l'interdiction légale, un grand nombre d'hommes perdirent la vie dans ce que l'on appelait encore un « combat singulier ». Au XXᵉ siècle, l'affaiblissement du code moral féodal a peu à peu fait disparaître les duels.

Les règles du duel sont très strictes : elles ont pour but d'empêcher que quiconque y participe soit systématiquement tué.

Il est cependant impossible de se faire remplacer, l'honneur exigeant que l'on défende soi-même sa cause. L'offensé jette son gant à la figure de l'homme dont il exige réparation par les armes ou bien la gifle. L'adversaire doit alors accepter le duel ou faire des excuses publiques.

S'il y a duel, un rendez-vous est pris, en présence de deux témoins pour chaque duelliste et l'on convoque un médecin.

Le duel doit avoir lieu sur le moment, ou au plus tard au petit jour, le lendemain.

L'offensé (il s'agit fréquemment d'affaires de cœur ou de querelles politiques) a le choix des armes. Jusqu'au XVIIIᵉ siècle, le fleuret et le sabre étaient le plus couramment employés ; l'épée ou l'épée de tournoi à deux mains pouvait parfois être préférée, pour rappeler les anciennes joutes du Moyen Age. Le plus souvent, à partir du XIXᵉ siècle, on employait deux pistolets à un coup. Chacun avait son tour, l'offensé tirant le premier, à une distance de vingt pas, en présence des témoins. Si le duel se faisait à l'arme blanche, il pouvait être arrêté « au premier sang », c'est-à-dire à la première blessure.

Il était interdit de tuer un duelliste désarmé ou qui demandait merci. Aucun duelliste ne pouvait penser préserver son honneur s'il s'enfuyait, mais des excuses prononcées devant les témoins au cours ou à la fin du combat pouvaient suffire, pourvu qu'elles soient acceptées verbalement par l'offensé. On estime qu'en trois siècles des milliers d'hommes ont été tués en France au cours de ces combats pour l'honneur.

● *Citer des titres de romans ou de films mettant en scène des duels.*

fumoir : pièce d'une maison spécialement réservée aux fumeurs

tressaillements saccadés : secousses brusques

Certes, il irait sur le terrain, puisqu'il voulait y aller. Mais s'il tremblait ? Mais s'il perdait connaissance ? Et il songea à sa situation, à sa réputation, à son nom.

145 Et un singulier besoin le prit tout à coup de se relever pour se regarder dans la glace. Il ralluma sa bougie. Quand il aperçut son visage reflété dans le verre poli, il se reconnut à peine, et il lui sembla qu'il ne s'était jamais vu. Ses yeux lui parurent énormes ; et il était pâle, certes, et il était pâle, très pâle.

150 Il restait debout en face du miroir. Il tira la langue comme pour constater l'état de sa santé, et tout d'un coup cette pensée entra en lui à la façon d'une balle :

« Après-demain, à cette heure-ci, je serai peut-être mort. »
Et son cœur se remit à battre furieusement.

155 « Après-demain à cette heure-ci, je serai peut-être mort. Cette personne en face de moi, ce moi que je vois dans cette glace, ne sera plus. Comment ! me voici, je me regarde, je me sens vivre, et dans vingt-quatre heures je serai couché dans ce lit, mort, les yeux fermés, froid, inanimé, disparu. »

160 Il se retourna vers la couche et il se vit distinctement étendu sur le dos dans ces mêmes draps qu'il venait de quitter. Il avait ce visage creux qu'ont les morts et cette mollesse des mains qui ne remueront plus.

Alors il eut peur de son lit et, pour ne plus le regarder,
165 il passa dans son fumoir*. Il prit machinalement un cigare, l'alluma et se remit à marcher. Il avait froid ; il alla vers la sonnette pour réveiller son valet de chambre ; mais il s'arrêta, la main levée vers le cordon :

« Cet homme va s'apercevoir que j'ai peur. »

170 Et il ne sonna pas, il fit du feu. Ses mains tremblaient un peu, d'un frémissement nerveux, quand elles touchaient les objets. Sa tête s'égarait ; ses pensées troubles devenaient fuyantes, brusques, douloureuses ; une ivresse envahissait son esprit comme s'il eût bu.

175 Et sans cesse il se demandait :

« Que vais-je faire ? Que vais-je devenir ? »

Tout son corps vibrait, parcouru de tressaillements saccadés* ; il se releva et, s'approchant de la fenêtre, ouvrit les rideaux.

180 Le jour venait, un jour d'été. Le ciel rose faisait rose la ville, les toits et les murs. Une grande tombée de lumière tendue, pareille à une caresse du soleil levant, enveloppait le monde réveillé ; et, avec cette lueur, un espoir gai, rapide, brutal, envahit le cœur du vicomte ! Était-il fou de s'être laissé
185 ainsi terrasser par la crainte, avant même que rien fût décidé, avant que ses témoins eussent vu ceux de ce Georges Lamil, avant qu'il sût encore s'il allait seulement se battre ?

Il fit sa toilette, s'habilla et sortit d'un pas ferme.

Il se répétait, tout en marchant :
190 « Il faut que je sois énergique, très énergique. Il faut que je prouve que je n'ai pas peur. »

Ses témoins, le marquis et le colonel, se mirent à sa disposition, et, après lui avoir serré énergiquement les mains, discutèrent les conditions.

au commandement : quand on en donnera l'ordre

carafon : petite carafe

coup de timbre : coup de sonnette

suffocation : étouffement de peur

altération : modification

privilèges d'offensé : avantages décernés à celui qui a subi l'injure

Les balles ne badinent pas : les balles (de revolver) ne plaisantent pas, elles font beaucoup de dégâts

195 Le colonel demanda :
« Vous voulez un duel sérieux ? »
Le vicomte répondit :
« Très sérieux. »
Le marquis reprit :
200 « Vous tenez au pistolet ?
— Oui.
— Nous laissez-vous libres de régler le reste ? »
Le vicomte articula d'une voix sèche, saccadée :
« Vingt pas, au commandement*, en levant l'arme au lieu
205 de l'abaisser. Échange de balles jusqu'à blessure grave. »
Le colonel déclara d'un ton satisfait :
« Ce sont des conditions excellentes. Vous tirez bien, toutes les chances sont pour vous. »
Et ils partirent. Le vicomte rentra chez lui pour les atten-
210 dre.
Son agitation, apaisée un moment, grandissait maintenant de minute en minute. Il se sentait le long des bras, le long des jambes, dans la poitrine, une sorte de frémissement, de vibration continue ; il ne pouvait tenir en place, ni assis, ni debout.
215 Il n'avait plus dans la bouche une apparence de salive, et il faisait à tout instant un mouvement bruyant de la langue, comme pour la décoller de son palais.
Il voulut déjeuner, mais il ne put manger. Alors l'idée lui vint de boire pour se donner du courage, et il se fit apporter
220 un carafon* de rhum dont il avala, coup sur coup, six petits verres.
Une chaleur, pareille à une brûlure, l'envahit, suivie aussitôt d'un étourdissement de l'âme. Il pensa :
« Je tiens le moyen. Maintenant ça va bien. »
225 Mais au bout d'une heure il avait vidé le carafon, et son état d'agitation redevenait intolérable. Il sentait un besoin fou de se rouler par terre, de crier, de mordre. Le soir tombait.
Un coup de timbre* lui donna une telle suffocation* qu'il n'eut pas la force de se lever pour recevoir ses témoins.
230 Il n'osait même plus leur parler, leur dire « bonjour », prononcer un seul mot, de crainte qu'ils ne devinassent tout à l'altération* de sa voix.
Le colonel prononça :
« Tout est réglé aux conditions que vous avez fixées. Votre
235 adversaire réclamait d'abord les privilèges d'offensé*, mais il a cédé presque aussitôt et a tout accepté. Ses témoins sont deux militaires. »
Le vicomte prononça :
« Merci. »
240 Le marquis reprit :
« Excusez-nous si nous ne faisons qu'entrer et sortir, mais nous avons encore à nous occuper de mille choses. Il faut un bon médecin, puisque le combat ne cessera qu'après blessure grave, et vous savez que les balles ne badinent pas*. Il faut
245 désigner l'endroit, à proximité d'une maison pour y porter le blessé si c'est nécessaire, etc. ; enfin, nous en avons encore pour deux ou trois heures. »
Le vicomte articula une seconde fois :
« Merci. »
250 Le colonel demanda :
« Vous allez bien ? vous êtes calme ? »

41. *Quelles conditions le vicomte impose-t-il à ses témoins (l. 192 à 205) ? Pourquoi contrastent-elles avec ses sentiments profonds ?*

42. *Que déclare le colonel (l. 206 à 208) ? A quelle occasion cette information nous avait-elle déjà été donnée ? Le vicomte a-t-il tort ou raison de s'inquiéter autant ?*

43. *Relevez tous les éléments marquant l'inquiétude grandissante du vicomte (l. 211 à 217). Mimez, d'après les indications qui vous sont données, le comportement du personnage.*

44. *Que fait-il pour essayer de se décontracter (l. 218 à 227) ? Pourquoi cette tentative ne pouvait-elle que se solder par un échec ?*

45. *Dans quel état se trouve-t-il lorsque le soir tombe (l. 226-227) ? Comment était-il au matin ? Analysez cette métamorphose.*

46. *Qu'est-ce qu'un « coup de timbre » (l. 228) ?*

47. *Pourquoi le vicomte ne reçoit-il pas ses visiteurs (l. 228 à 232) ?*

48. *Pourquoi pouvez-vous dire que Georges Lamil semble avoir, pour sa part, un comportement normal (l. 234 à 237) ?*

49. *Pour quelles raisons le discours du colonel ne peut-il qu'inquiéter davantage le vicomte (l. 241 à 247) ?*

50. *La situation, si dramatique soit-elle, ne vous paraît-elle pas finalement comique ? Analysez la démarche de Maupassant.*

ses dents s'entrechoquaient : ses dents claquaient les unes contre les autres à cause de la peur

le code du duel de Châteauvillard : livre de procédure énumérant les règles d'un duel

Est-il classé ? : a-t-il été primé en participant à un concours de tir ?

Gastinne Renette : célèbre marque d'armes

Cercles : clubs

lever le chien : amorcer le mouvement de la pièce qui va déclencher le tir

signe d'infamie : signe de honte

— Oui, très calme, merci. »
Les deux hommes se retirèrent.

255 Quand il se sentit seul de nouveau, il lui sembla qu'il devenait fou. Son domestique ayant allumé les lampes, il s'assit devant sa table pour écrire des lettres. Après avoir tracé, au haut d'une page : « Ceci est mon testament... » il se releva d'une secousse et s'éloigna, se sentant incapable d'unir deux idées, de prendre une résolution, de décider quoi que 260 ce fût.

Ainsi, il allait se battre ! Il ne pouvait plus éviter cela. Que se passait-il donc en lui ? Il voulait se battre, il avait cette intention et cette résolution fermement arrêtées ; et il sentait bien, malgré tout l'effort de son esprit et toute la tension de sa 265 volonté, qu'il ne pourrait même conserver la force nécessaire pour aller jusqu'au lieu de la rencontre. Il cherchait à se figurer le combat, son attitude à lui et la tenue de son adversaire.

De temps en temps, ses dents s'entrechoquaient* dans sa bouche avec un petit bruit sec. Il voulut lire, et prit le code du 270 duel de Châteauvillard*. Puis il se demanda :

« Mon adversaire a-t-il fréquenté les tirs ? Est-il connu ? Est-il classé* ? Comment le savoir ? »

Il se souvint du livre du baron de Vaux sur les tireurs au pistolet, et il le parcourut d'un bout à l'autre. Georges Lamil 275 n'y était pas nommé. Mais cependant si cet homme n'était pas un tireur, il n'aurait pas accepté immédiatement cette arme dangereuse et ces conditions mortelles ?

Il ouvrit, en passant, une boîte de Gastinne Renette* posée sur un guéridon, et prit un des pistolets, puis il se plaça 280 comme pour tirer et leva le bras. Mais il tremblait des pieds à la tête et le canon remuait dans tous les sens.

Alors, il se dit :

« C'est impossible. Je ne puis me battre ainsi. »

Il regardait au bout du canon ce petit trou noir et profond 285 qui crache la mort, il songeait au déshonneur, aux chuchotements dans les cercles*, aux rires dans les salons, au mépris des femmes, aux allusions des journaux, aux insultes que lui jetteraient les lâches.

Il regardait toujours l'arme, et, levant le chien*, il vit sou- 290 dain une amorce briller dessous comme une petite flamme rouge. Le pistolet était demeuré chargé, par hasard, par oubli. Et il éprouva de cela une joie confuse, inexplicable.

S'il n'avait pas, devant l'autre, la tenue noble et calme qu'il faut, il serait perdu à tout jamais. Il serait taché, marqué 295 d'un signe d'infamie*, chassé du monde ! Et cette tenue calme et crâne, il ne l'aurait pas, il le savait, il le sentait. Pourtant il était brave, puisqu'il voulait se battre !... Il était brave, puisque... — La pensée qui l'effleura ne s'acheva même pas dans son esprit ; mais, ouvrant la bouche toute grande, il s'enfonça 300 brusquement, jusqu'au fond de la gorge, le canon de son pistolet, et il appuya sur la gâchette...

Quand son valet de chambre accourut, attiré par la détonation, il le trouva mort, sur le dos. Un jet de sang avait éclaboussé le papier blanc sur la table et faisait une grande tache 305 rouge au-dessous de ces quatre mots :

« Ceci est mon testament. »

(27 janvier 1884.)

1. La Parure

Quelques repères

1. Pour quelles raisons le nom de l'héroïne ne nous est-il pas donné dès le début du texte ?

2. Pourquoi le métier de son mari est-il synonyme pour elle d'une vie médiocre et insipide ?

3. Quel objet est au cœur de cette histoire ?

4. Qui sont M. et Mme Georges Ramponneau ?

I. L'action

1. A qui Mme Loisel emprunte-t-elle la parure ?

2. Combien la robe de soirée coûte-t-elle ? A quel usage M. Loisel destinait-il cet argent ?

3. Le bal se passe-t-il bien ? Racontez-le.

4. A quel moment Mme Loisel s'aperçoit-elle de la disparition du collier ? Quand croit-elle l'avoir perdu ?

5. Pourquoi le couple est-il anéanti par cette perte ?

6. Comment parviennent-ils à remplacer le bijou ?

7. Quels changements cette dette impose-t-elle à leur vie ? Quels sacrifices doivent-ils accepter ?

8. Commentez la métamorphose de Mme Loisel (l. 271 à 281). Combien de temps cette vie dure-t-elle ?

II. Thèmes et style

1. Comment la phrase : «L'autre ne la reconnaissait point, s'étonnant d'être appelée aussi familièrement par cette bourgeoise» (l. 292-293) s'explique-t-elle ? Quelles sont les différentes catégories sociales de cette époque ?

2. Pourquoi la fin de cette nouvelle confère-t-elle un caractère absurde à l'existence de Mme Loisel ?

V. Sujet de recherche

1. Imaginez deux suites au dialogue final des deux femmes :
- Dans un premier cas, Mme Forestier propose à Mme Loisel de revendre la parure et de lui rendre l'argent.
- Dans un second cas, Mme Loisel demande ce service à Mme Forestier qui le lui refuse.

2. Un lâche

Quelques repères

1. Sur combien de jours la nouvelle s'étend-elle ?

2. Qui est le «beau Signoles»? Pourquoi ce surnom ?

3. Ce personnage a-t-il de la famille ? Est-il marié ou bien célibataire ? Est-il riche ou pauvre ?

4. Quels sports pratique-t-il? Ces sports sont-ils populaires ou recherchés ? Qui est Georges Lamil ?

Le boulevard des Italiens à Paris, lithographie de E. Guernard ; le café de Tortoni à 4 heures du soir.

II. L'action

1. Pour quelles raisons l'une des deux jeunes femmes invitées par le vicomte est-elle mal à l'aise chez Tortoni ? Comment le vicomte réagit-il ?

2. Le consommateur impertinent s'excuse-t-il pour son attitude ? Pourquoi le vicomte gifle-t-il cet homme ? Sa réaction est-elle légitime ?

3. Que symbolise leur échange de cartes ?

4. Qui s'occupe de régler l'organisation et les formalités du duel ?

5. Pourquoi le vicomte croit-il qu'en étant ferme avec son adversaire, celui-ci reculera peut-être ?

6. Pourquoi le comportement de Georges Lamil n'est-il pas décrit parallèlement à celui du vicomte ?

III. Thèmes et style

1. Qu'est-ce que la lâcheté ?

2. Pour quelle raison majeure préfère-t-il se donner la mort qu'affronter son adversaire en duel ?

3. Croyez-vous que ce suicide soit un acte réfléchi ou bien la conséquence d'une idée soudaine ?

4. Relevez les éléments marquant l'assimilation du suicide à une délivrance.

IV. Sujets de recherche

1. Maupassant fait dans ces deux nouvelles allusion à la valse. La valse est-elle encore dansée de nos jours ?

2. Fréquentait-on beaucoup le théâtre au XIXe siècle ? Pour quelles raisons ? Et vous, allez-vous au théâtre de temps en temps ? Quelles pièces avez-vous déjà vues ?

3. Citez deux titres d'œuvres littéraires où il est question de duel.

III

MAUPASSANT CONTEUR SATIRIQUE

La Ficelle

A Harry Alis.

Goderville : bourgade de
Normandie

jambes torses : jambes
tordues

aplomb : assurance,
stabilité

osseux : qui laisse
apparaître les os, maigre

bidet : petit cheval

voix criardes : voix aiguës
et perçantes

1   Sur toutes les routes autour de Goderville*, les paysans et
leurs femmes s'en venaient vers le bourg ; car c'était jour de
marché. Les mâles allaient, à pas tranquilles, tout le corps en
avant à chaque mouvement de leurs longues jambes torses*,
5 déformées par les rudes travaux, par la pesée sur la charrue
qui fait en même temps monter l'épaule gauche et dévier la
taille, par le fauchage des blés qui fait écarter les genoux
pour prendre un aplomb* solide, par toutes les besognes lentes
et pénibles de la campagne. Leur blouse bleue, empesée, bril-
10 lante, comme vernie, ornée au col et aux poignets d'un petit
dessin de fil blanc, gonflée autour de leur torse osseux*, semblait un ballon prêt à s'envoler, d'où sortaient une tête, deux
bras et deux pieds.
    Les uns tiraient au bout d'une corde une vache, un veau.
15 Et leurs femmes, derrière l'animal, lui fouettaient les reins
d'une branche encore garnie de feuilles, pour hâter sa marche. Elles portaient au bras de larges paniers d'où sortaient
des têtes de poulets par-ci, des têtes de canards par-là. Et elles
marchaient d'un pas plus court et plus vif que leurs hommes,
20 la taille sèche, droite et drapée dans un petit châle étriqué,
épinglé sur leur poitrine plate, la tête enveloppée d'un linge
blanc collé sur les cheveux et surmontée d'un bonnet.
    Puis, un char à bancs passait, au trot saccadé d'un bidet*,
secouant étrangement deux hommes assis côte à côte et une
25 femme dans le fond du véhicule, dont elle tenait le bord pour
atténuer les durs cahots.
    Sur la place de Goderville, c'était une foule, une cohue
d'humains et de bêtes mélangés. Les cornes des bœufs, les
hauts chapeaux à longs poils des paysans riches et les coiffes
30 des paysannes émergeaient à la surface de l'assemblée. Et les
voix criardes*, aiguës, glapissantes formaient une clameur continue et sauvage que dominait parfois un grand éclat poussé
par la robuste poitrine d'un campagnard en gaieté, ou le long
meuglement d'une vache attachée au mur d'une maison.
35   Tout cela sentait l'étable, le lait et le fumier, le foin et la
sueur, dégageait cette saveur aigre, affreuse, humaine et bes-
tiale, particulière aux gens des champs.
    Maître Hauchecorne, de Bréauté, venait d'arriver à
Goderville, et il se dirigeait vers la place, quand il aperçut par
40 terre un petit bout de ficelle. Maître Hauchecorne, économe
en vrai Normand, pensa que tout était bon à ramasser qui peut

1. *Où se déroule cette histoire*
(l. 1 à 3) ?
2. *Qui sont les personnages ?*
3. *Pour quelle raison se ras-*
semblent-ils ?
4. *Dans quel but Maupassant*
utilise-t-il le mot « mâle »
pour désigner les hommes
(l. 3) ?
5. *Quels animaux emmènent-*
ils au marché (l. 14) ?
6. *Que font les paysannes*
(l. 15 à 18) ?
7. *Commentez leur descrip-*
tion (l. 18 à 22).
8. *Pourquoi une femme doit-*
elle s'asseoir au « fond du vé-
hicule » (l. 23 à 26) ?
9. *Relevez, dans le passage*
décrivant le marché (l. 27 à
34), *les associations faites entre*
les hommes et les bêtes.

COMMENTAIRE DE TEXTE

Pour une petite ficelle...

I. Les personnages

1. *Qui sont maître Malandain*
et maître Hauchecorne ?
2. *Sont-ils amis ou ennemis ?*
3. *L'appellation « maître »*
indique-t-elle une distinction
quelconque ?

II. L'histoire

1. *Pourquoi selon vous ce pas-*
sage est-il primordial dans le
déroulement de l'histoire ?
2. *Donnez un titre à chacune*
des deux parties :
1re partie : l. 38 à 47
2e partie : l. 48 à 54

III. Le texte

1. *Expliquez les expressions*
« économe en vrai Normand »
et « tout était bon à ramasser
qui peut servir » (l. 40 à 42).
2. *Pour quel motif les deux*
hommes se sont-ils fâchés ? Est-
ce une raison sérieuse ou futi-
le ?

servir ; et il se baissa péniblement, car il souffrait de rhumatismes*. Il prit, par terre, le morceau de corde mince, et il se
disposait à le rouler avec soin, quand il remarqua, sur le seuil
45 de sa porte, maître Malandain, le bourrelier*, qui le regardait.
Ils avaient eu des affaires ensemble au sujet d'un licol*, autrefois, et ils étaient restés fâchés, étant rancuniers tous deux.
Maître Haucheorne fut pris d'une sorte de honte d'être vu
ainsi, par son ennemi, cherchant dans la crotte un bout de
50 ficelle. Il cacha brusquement sa trouvaille sous sa blouse, puis
dans la poche de sa culotte ; puis il fit semblant de chercher
encore par terre quelque chose qu'il ne trouvait point, et il
s'en alla vers le marché, la tête en avant, courbé en deux par
ses douleurs.

55 Il se perdit aussitôt dans la foule criarde et lente, agitée
par les interminables marchandages. Les paysans tâtaient les
vaches, s'en allaient, revenaient, perplexes*, toujours dans la
crainte d'être mis dedans, n'osant jamais se décider, épiant
l'œil du vendeur, cherchant sans fin à découvrir la ruse de
60 l'homme et le défaut de la bête.

Les femmes, ayant posé à leurs pieds leurs grands paniers,
en avaient tiré leurs volailles qui gisaient par terre, liées par
les pattes, l'œil effaré, la crête* écarlate.

Elles écoutaient les propositions, maintenaient leurs prix,
65 l'air sec, le visage impassible* ; ou bien tout à coup, se déci-
dant au rabais proposé, criaient au client qui s'éloignait lentement :

« C'est dit, maît' Anthime. J'vous l'donne. »

Puis, peu à peu, la place se dépeupla, et l'angélus* son-
70 nant midi, ceux qui demeuraient trop loin se répandirent dans
les auberges.

Chez Jourdain, la grande salle était pleine de mangeurs,
comme la vaste cour était pleine de véhicules de toute race,
charrettes, cabriolets*, chars à bancs*, tilburys*, carrioles innom-
75 mables, jaunes de crotte, déformées, rapiécées, levant au ciel,
comme deux bras, leurs brancards, ou bien le nez par terre et
le derrière en l'air.

Tout contre les dîneurs attablés, l'immense cheminée,
pleine de flamme claire, jetait une chaleur vive dans le dos de
80 la rangée de droite. Trois broches tournaient, chargées de
poulets, de pigeons et de gigots ; et une délectable odeur de
viande rôtie et de jus ruisselant sur la peau rissolée*, s'envo-
lait de l'âtre, allumait les gaietés, mouillait les bouches.

Toute l'aristocratie de la charrue mangeait là, chez maît'
85 Jourdain, aubergiste et maquignon*, un malin qui avait
des écus.

Les plats passaient, se vidaient comme les brocs* de cidre
jaune. Chacun racontait ses affaires, ses achats et ses ventes.
On prenait des nouvelles des récoltes. Le temps était bon pour
90 les verts, mais un peu mucre pour les blés.

Tout à coup, le tambour roula, dans la cour, devant la
maison. Tout le monde aussitôt fut debout, sauf quelques
indifférents, et on courut à la porte, aux fenêtres, la bouche
encore pleine et la serviette à la main.

95 Après qu'il eut terminé son roulement, le crieur public
lança d'une voix saccadée, scandant ses phrases à contretemps :

« Il est fait assavoir aux habitants de Goderville, et en
général à toutes — les personnes présentes au marché, qu'il a
été perdu ce matin, sur la route de Beuzeville, entre — neuf

---

rhumatismes : douleurs articulatoires, musculaires ou autres

bourrelier : personne qui fabrique et vend les harnais, les courroies, les selles...

licol : corde ou harnais que l'on met autour du cou des bêtes pour les attacher ou les diriger

perplexes : hésitants

crête : excroissance de peau rouge et dentelée que les coqs et certains autres oiseaux portent sur le crâne

impassible : qui ne laisse transparaître aucun sentiment

angélus : son de cloche

cabriolet : voiture à cheval

chars à bancs : voitures inconfortables à quatre roues, tirées par un seul cheval

tilburys : élégantes voitures à capotes tirées par deux chevaux

rissolée : rôtie et juteuse

maquignon : marchand de chevaux et de bétail

brocs : grands récipients à anses

---

3. *Quelle réaction maître Haucheorne a-t-il quand il s'aperçoit que son geste a été surpris ?*

4. *Qu'appelle-t-on « culotte » à cette époque (l. 51) ?*

IV. Au-delà du texte

1. *Les paysans sont, dans la littérature, réputés têtus et rancuniers. Cherchez, chez Maupassant, des exemples de personnages ruraux bornés.*

10. *Pourquoi maître Malandain se « perd-il » dans la foule (l. 55-56) ?*

11. *Commentez la description des paysans voulant acheter des bêtes (l. 56 à 60). Pourquoi sonne-t-elle vrai ? Que critique ici Maupassant ?*

12. *Si les hommes vendent ou achètent du bétail, que font les femmes (l. 61 à 63) ? Qu'en pensez-vous ?*

13. *Pourquoi peut-on dire qu'elles marchandent (l. 64 à 68) ? Que pensez-vous de cette technique de vente ?*

14. *A quelle heure le marché s'arrête-t-il (l. 69 à 71) ? Que se passe-t-il ?*

15. *Dans quelle auberge se déroule la suite de l'action (l. 72 ; l. 84 à 86) ?*

16. *Pourquoi la description de la cour de l'auberge est-elle comique (l. 72 à 77) ? Commentez la comparaison : les « carrioles (...) levant au ciel, comme deux bras, leurs brancards, ou bien le nez par terre et le derrière en l'air » (l. 74 à 77).*

17. *Pourquoi l'auberge de Jourdain est-elle accueillante (l. 78 à 83) ?*

18. *Quelles viandes y sert-on ? Où se cuisent-elles ? Pour quelles raisons leur description est-elle appétissante ? Relevez les adjectifs de ce passage (l. 80 à 83).*

19. *Commentez les expressions « l'aristocratie de la charrue » et « un malin qui avait des écus » (l. 84 à 86).*

20. *Nos paysans sont-ils de bons vivants ? Relevez la phrase qui vous l'indique.*

21. *Qu'est-ce que le cidre (l. 87) ? Est-ce une spécialité normande ?*

22. *Quels sont les sujets de conversation des paysans (l. 88 à 90) ? Sont-ils surprenants ?*

cinq cents francs : grosse somme d'argent à l'époque
incontinent : immédiatement
me v'là : me voilà
çu portafeuille : ce portefeuille
mé : moi
i : il
çu manant : ce manant, ce rustre, ce vilain

100 heures et dix heures, un portefeuille en cuir noir, contenant cinq cents francs* et des papiers d'affaires. On est prié de le rapporter — à la mairie, incontinent*, ou chez maître Fortuné Houlbrèque, de Manneville. Il y aura vingt francs de récompense. »

105 Puis l'homme s'en alla. On entendit encore une fois au loin les battements sourds de l'instrument et la voix affaiblie du crieur.

Alors on se mit à parler ce cet événement, en énumérant les chances qu'avait maître Houlbrèque de retrouver ou de ne
110 pas retrouver son portefeuille.

Et le repas s'acheva.

On finissait le café, quand le brigadier de gendarmerie parut sur le seuil.

Il demanda :
115 « Maître Hauchecorne, de Bréauté, est-il ici ? »

Maître Hauchecorne, assis à l'autre bout de la table, répondit;

« Me v'là*. »

Et le brigadier reprit :
120 « Maître Hauchecorne, voulez-vous avoir la complaisance de m'accompagner à la mairie. M. le maire voudrait vous parler. »

Le paysan, surpris, inquiet, avala d'un coup son petit verre, se leva et, plus courbé encore que le matin, car les pre-
125 miers pas après chaque repos étaient particulièrement diffici-les, il se mit en route en répétant :

« Me v'là, me v'là. »

Et il suivit le brigadier.

Le maire l'attendait, assis dans un fauteuil. C'était le
130 notaire de l'endroit, l'homme gros, grave, à phrases pompeu-ses.

« Maître Hauchecorne, dit-il, on vous a vu ce matin ramasser, sur la route de Beuzeville, le portefeuille perdu par maître Houlbrèque, de Manneville. »
135 Le campagnard, interdit, regardait le maire, apeuré déjà par ce soupçon qui pesait sur lui, sans qu'il comprît pourquoi.

« Mé, mé, j'ai ramassé çu portafeuille* ?

— Oui, vous-même.

— Parole d'honneur, je n'en ai seulement point eu con-
140 naissance.

— On vous a vu.

— On m'a vu, mé* ? Qui ça 'qui m'a vu ?

— M. Malandain, le bourrelier. »

Alors le vieux se rappela, comprit et, rougissant de colère :
145 Ah ! i* m'a vu, çu manant* ! I m'a vu ramasser c'te ficelle-là, tenez, m'sieu le Maire. »

Et, fouillant au fond de sa poche, il en retira le petit bout de corde.

Mais le maire, incrédule, remuait la tête.
150 « Vous ne me ferez pas accroire, maître Hauchecorne, que M. Malandain, qui est un homme digne de foi, a pris ce fil pour un portefeuille. »

Le paysan, furieux, leva la main, cracha de côté pour attester son honneur, répétant :
155 « C'est pourtant la vérité du bon Dieu, la sainte vérité, m'sieu le Maire. Là, sur mon âme et mon salut, je l'répète. »

23. Qui est maître Fortuné Houlbrèque (l. 102-103) ? Pourquoi son nom est-il comique ?
24. La récompense est-elle élevée ?
25. Maître Houlbrèque a-t-il selon vous des chances de retrouver son portefeuille ?
26. Qu'arrive-t-il au moment du café (l. 112-113) ?
27. Qui ce nouveau personnage demande-t-il (l. 115) ?
28. Que lui veut-il (l. 120 à 122) ?
29. Maître Hauchecorne fait-il des difficultés pour le suivre (l. 123 à 126) ? Pourquoi ?
30. Par qui est-il reçu (l. 129 à 131) ? Pourquoi est-ce impressionnant ?
31. Que lui annonce le maire (l. 132 à 134) ? Qui a dénoncé notre paysan ?
32. Comparez la façon de s'exprimer du maire et celle de maître Hauchecorne (l. 132 à 142). Pourquoi sont-elles le reflet de leurs origines sociales différentes ?
33. Quel était le rôle des crieurs publics autrefois ? Pourquoi n'y en a-t-il plus aujourd'hui ? Par qui ont-ils été remplacés ?
34. Lisez tout haut le texte du crieur « d'une voix saccadée » en « scandant ses phrases à contretemps » comme l'indique Maupassant. Que remarquez-vous ?
35. Imaginez que vous ayez perdu un objet auquel vous teniez beaucoup et écrivez le texte d'une petite annonce destinée à le retrouver.
36. Le maire croit-il maître Hauchecorne quand celui-ci lui montre la ficelle (l. 144 à 152) ? Pour quelle raison ?
37. La colère du paysan joue-t-elle selon vous en sa faveur ?
38. Que fait-il pour prouver sa bonne foi (l. 153 à 156) ?

menteries : mensonges

dénaturer : changer l'apparence

il allait aviser le parquet : il allait aviser la justice

être en réprobation : être mal considéré

Le maire reprit :

« Après avoir ramassé l'objet, vous avez même encore cherché longtemps dans la boue, si quelque pièce de monnaie
160 ne s'en était pas échappée. »

Le bonhomme suffoquait d'indignation et de peur.

« Si on peut dire !... si on peut dire... des menteries* comme ça pour dénaturer* un honnête homme ! Si on peut dire !... »
165 Il eut beau protester, on ne le crut pas.

Il fut confronté avec M. Malandain, qui répéta et soutint son affirmation. Ils s'injurièrent une heure durant. On fouilla, sur sa demande, maître Hauchecorne. On ne trouva rien sur lui.
170 Enfin, le maire, fort perplexe, le renvoya, en le prévenant qu'il allait aviser le parquet* et demander des ordres.

La nouvelle s'était répandue. A sa sortie de la mairie, le vieux fut entouré, interrogé avec une curiosité sérieuse ou goguenarde, mais où n'entrait aucune indignation. Et il se mit
175 à raconter l'histoire de la ficelle. On ne le crut pas. On riait.

Il allait, arrêté par tous, arrêtant ses connaissances, recommençant sans fin son récit et ses protestations, montrant ses poches retournées, pour prouver qu'il n'avait rien.

On lui disait :
180 « Vieux malin, va ! »

Et il se fâchait, s'exaspérant, enfiévré, désolé de n'être pas cru, ne sachant que faire, et contant toujours son histoire.

La nuit vint. Il fallait partir. Il se mit en route avec trois voisins à qui il montra la place où il avait ramassé le bout de
185 corde, et tout le long du chemin il parla de son aventure.

Le soir, il fit une tournée dans le village de Bréauté, afin de la dire à tout le monde. Il ne rencontra que des incrédules.

Il en fut malade toute la nuit.

Le lendemain, vers une heure de l'après-midi, Marius
190 Paumelle, valet de ferme de maître Breton, cultivateur à Ymauville, rendait le portefeuille et son contenu à maître Houlbrèque, de Manneville.

Cet homme prétendait avoir, en effet, trouvé l'objet sur la route ; mais, ne sachant pas lire, il l'avait rapporté à la maison
195 et donné à son patron.

La nouvelle se répandit aux environs. Maître Hauchecorne en fut informé. Il se mit aussitôt en tournée et commença à narrer son histoire complétée du dénouement. Il triomphait.
200 « C' qui m'faisait deuil, disait-il, c'est point tant la chose, comprenez-vous ; mais c'est la menterie. Y a rien qui vous nuit comme d'être en réprobation* pour une menterie. »

Tout le jour il parlait de son aventure, il la contait sur les routes aux gens qui passaient, au cabaret aux gens qui
205 buvaient, à la sortie de l'église le dimanche suivant. Il arrêtait des inconnus pour la leur dire. Maintenant, il était tranquille, et pourtant quelque chose le gênait sans qu'il sût au juste ce que c'était. On avait l'air de plaisanter en l'écoutant. On ne paraissait pas convaincu. Il lui semblait sentir des propos der-
210 rière son dos.

Le mardi de l'autre semaine, il se rendit au marché de Goderville, uniquement poussé par le besoin de conter son cas.

39. *Quel élément particulier vient condamner maître Hauchecorne (l. 158 à 160) ?*
40. *Pourquoi est-il confronté à maître Malandain ? La rencontre se passe-t-elle bien ? Aboutit-elle à quelque chose de nouveau (l. 166 à 169) ?*
41. *Le maire est-il capable de résoudre cette affaire ? Que décide-t-il (l. 170-171) ?*
42. *Quelle est l'attitude du village (l. 172 à 178) ?*
43. *L'appellation « vieux malin » (l. 180) plaît-elle au paysan ? Relevez les éléments qui vous l'indiquent (l. 181-182).*
44. *Que fait maître Hauchecorne pour se justifier aux yeux de ses voisins et des habitants de son village (l. 183 à 187) ?*
45. *Que signifie le mot « incrédule » (l. 187) ?*
46. *Les gens croient-ils le paysan ? Comment celui-ci réagit-il (l. 188) ?*
47. *Que se passe-t-il le lendemain (l. 189 à 192) ?*
48. *Commentez la phrase de la question précédente en vous attachant seulement au style. Pourquoi selon vous y a-t-il tant de noms propres ?*
49. *Pour quelle raison le valet de ferme a-t-il rapporté le portefeuille à son patron (l. 193 à 195) ? Pourquoi cet argument n'est-il pas satisfaisant ?*
50. *Que signifie l'expression employée par maître Hauchecorne : « C'qui m'faisait deuil » (l. 200) ?*
51. *Pourquoi est-il si heureux de cette découverte (l. 196 à 206) ? Relevez les éléments décrivant sa joie.*
52. *Quels incidents viennent troubler son bonheur retrouvé (l. 206 à 218) ? Que laissent-ils présager ?*

tourner les talons : se
retourner et partir

vieille pratique : vieux
malin

tais-té, mon pé : tais-toi,
mon compère

r'porte : rapporte

des raisons d'menteux :
des arguments de menteurs

une 'tite : une petite

Malandain, debout sur sa porte, se mit à rire en le voyant passer. Pourquoi ?

215 Il aborda un fermier de Criquetot, qui ne le laissa pas achever et, lui jetant une tape dans le creux de son ventre, lui cria par la figure : «Gros malin, va!» Puis lui tourna les talons*.

Maître Hauchecorne demeura interdit et de plus en plus
220 inquiet. Pourquoi l'avait-on appelé «gros malin»?

Quand il fut assis à table, dans l'auberge de Jourdain, il se remit à expliquer l'affaire.

Un maquignon de Montivilliers lui cria :

«Allons, allons vieille pratique*, je la connais, ta ficelle!»
225 Hauchecorne balbutia :

«Puisqu'on l'a retrouvé, çu portafeuille!»

Mais l'autre reprit :

«Tais-té, mon pé*, y en a un qui trouve, et y en a un qui r'porte*. Ni vu ni connu, je t'embrouille.»
230 Le paysan resta suffoqué. Il comprenait enfin. On l'accusait d'avoir fait reporter le portefeuille par un compère, par un complice.

Il voulut protester. Toute la table se mit à rire.

Il ne put achever son dîner et s'en alla, au milieu
235 des moqueries.

Il rentra chez lui, honteux et indigné, étranglé par la colère, par la confusion, d'autant plus atterré qu'il était capable, avec sa finauderie de Normand, de faire ce dont on l'accusait, et même de s'en vanter comme d'un bon tour. Son
240 innocence lui apparaissait confusément comme impossible à prouver, sa malice étant connue. Et il se sentait frappé au cœur par l'injustice du soupçon.

Alors il recommença à conter l'aventure, en allongeant chaque jour son récit, ajoutant chaque fois des raisons nouvel-
245 les, des protestations plus énergiques, des serments plus solennels qu'il imaginait, qu'il préparait dans ses heures de solitude, l'esprit uniquement occupé de l'histoire de la ficelle. On le croyait d'autant moins que sa défense était plus compliquée et son argumentation plus subtile.
250 «Ça, c'est des raisons d'menteux*», disait-on derrière son dos.

Il le sentait, se rongeait les sangs, s'épuisait en efforts inutiles.

Il dépérissait à vue d'œil.
255 Les plaisants maintenant lui faisaient conter «la Ficelle» pour s'amuser, comme on fait conter sa bataille au soldat qui a fait campagne. Son esprit, atteint à fond, s'affaiblissait.

Vers la fin de décembre, il s'alita.

Il mourut dans les premiers jours de janvier, et, dans le
260 délire de l'agonie, il attestait son innocence, répétant :

«Une 'tite* ficelle... une 'tite ficelle... t'nez, la voilà, m'sieu le maire.»

53. *Que vous rappelle l'expression «gros malin» (l. 217 et l. 220)?*
54. *L'histoire de la ficelle s'est-elle étendue en dehors des villages de Bréauté et Goderville? Comment le savez-vous (l. 221 à 226)?*
55. *Pourquoi maître Hauchecorne est-il toujours soupçonné (l. 230 à 232)?*
56. *Cette situation est-elle triste ou gaie (l. 233 à 235)? Le personnage vous inspire-t-il de la pitié? Pour quelles raisons?*
57. *Relevez les adjectifs traduisant ses sentiments (l. 236 à 239).*
58. *Analysez les deux éléments qui font que «son innocence lui apparaissait confusément comme impossible à prouver» (l. 236 à 242).*
59. *Pour quelles raisons peut-on dire que son besoin de se disculper tourne à l'obsession (l. 243 à 254)?*
60. *Comment réagissent les gens (l. 250-251)? Comment analysez-vous la méchanceté de certains (l. 255 à 257)?*
61. *Commentez la fin de cette nouvelle.*
62. *Pourquoi Maupassant a-t-il selon vous choisi une chute aussi dramatique?*
63. *Avez-vous déjà entendu parler d'affaires injustes comme celle-ci? Si oui, racontez-les.*

Le Parapluie

A Camille Oudinot.

1   Mme Oreille était économe. Elle savait la valeur d'un sou et possédait un arsenal* de principes sévères sur la multiplication de l'argent. Sa bonne, assurément, avait grand mal à faire danser l'anse du panier ; et M. Oreille n'obtenait sa monnaie
5   de poche qu'avec une extrême difficulté. Ils étaient à leur aise, pourtant, et sans enfants ; mais Mme Oreille éprouvait une vraie douleur à voir les pièces blanches* sortir de chez elle. C'était comme une déchirure pour son cœur ; et, chaque fois qu'il lui avait fallu faire une dépense de quelque importance, bien
10   qu'indispensable, elle dormait fort mal la nuit suivante.

Oreille répétait sans cesse à sa femme :

« Tu devrais avoir la main plus large, puisque nous ne mangeons jamais nos revenus. »

Elle répondait :
15   « On ne sait jamais ce qui peut arriver. Il vaut mieux avoir plus que moins. »

C'était une petite femme de quarante ans, vive, ridée, propre et souvent irritée.

Son mari, à tout moment, se plaignait des privations
20   qu'elle lui faisait endurer. Il en était certaines qui lui devenaient particulièrement pénibles, parce qu'elles atteignaient sa vanité.*

Il était commis principal au ministère de la Guerre, demeuré là uniquement pour obéir à sa femme, pour augmen-
25   ter les rentes inutilisées de la maison.

Or, pendant deux ans, il vint au bureau avec le même parapluie rapiécé* qui donnait à rire à ses collègues. Las enfin de leurs quolibets*, il exigea que Mme Oreille lui achetât un nouveau parapluie. Elle en prit un de huit francs cinquante,
30   article de réclame d'un grand magasin. Les employés en apercevant cet objet jeté dans Paris par milliers recommencèrent leurs plaisanteries, et Oreille en souffrit horriblement. Le parapluie ne valait rien. En trois mois, il fut hors de service, et la gaieté devint générale dans le ministère. On fit même une
35   chanson qu'on entendait du matin au soir, du haut en bas de l'immense bâtiment.

Oreille, exaspéré, ordonna à sa femme de lui choisir un nouveau riflard*, en soie fine, de vingt francs, et d'apporter une facture justificative.
40   Elle en acheta un de dix-huit francs, et déclara, rouge d'irritation, en le remettant à son époux :

« Tu en as là pour cinq ans au moins. »

Oreille, triomphant, obtint un vrai succès au bureau.

Lorsqu'il rentra le soir, sa femme, jetant un regard inquiet
45   sur le parapluie, lui dit :

« Tu ne devrais pas le laisser serré avec l'élastique, c'est le moyen de couper la soie. C'est à toi d'y veiller, parce que je ne t'en achèterai pas un de sitôt. »

Elle le prit, dégrafa l'anneau et secoua les plis. Mais elle
50   demeura saisie d'émotion. Un trou rond, grand comme un

circulaire : de forme ronde

Elle trépignait de fureur : elle tremblait de colère

centime, lui apparut au milieu du parapluie. C'était une brûlure de cigare !

Elle balbutia :
« Qu'est-ce qu'il a ? »

55 Son mari répondit tranquillement, sans regarder :
« Qui, quoi ? Que veux-tu dire ? »

La colère l'étranglait maintenant ; elle ne pouvait plus
parler :
« Tu... tu... tu as brûlé... ton... ton... parapluie. Mais tu...

60 tu... tu es donc fou !... Tu veux nous ruiner ! »

Il se retourna, se sentant pâlir :
« Tu dis ?

— Je dis que tu as brûlé ton parapluie. Tiens !... »

Et, s'élançant vers lui comme pour le battre, elle lui mit

65 violemment sous le nez la petite brûlure circulaire.*

Il restait éperdu devant cette plaie, bredouillant :
« Ça, ça... qu'est-ce que c'est ? Je ne sais pas, moi ! Je n'ai
rien fait, rien, je te le jure. Je ne sais pas ce qu'il a, moi,
ce parapluie ? »

70 Elle criait maintenant :
« Je parie que tu as fait des farces avec lui dans ton
bureau, que tu as fait le saltimbanque, que tu l'as ouvert pour
le montrer. »

Il répondit :

75 « Je l'ai ouvert une seule fois pour montrer comme il était
beau. Voilà tout. Je te le jure. »

Mais elle trépignait de fureur*, et elle lui fit une de ces
scènes conjugales qui rendent le foyer familial plus redoutable
pour un homme pacifique qu'un champ de bataille où pleu-

80 vent les balles.

Elle ajusta une pièce avec un morceau de soie coupé sur
l'ancien parapluie, qui était de couleur différente ; et, le lendemain, Oreille partit, d'un air humble, avec l'instrument rac-
commodé. Il le posa dans son armoire et n'y pensa plus que

85 comme on pense à quelque mauvais souvenir.

Mais, à peine fut-il rentré, le soir, sa femme lui saisit son
parapluie dans les mains, l'ouvrit pour constater son état, et
demeura suffoquée devant un désastre irréparable. Il était criblé de petits trous provenant évidemment de brûlures, comme

90 si on eût vidé dessus la cendre d'une pipe allumée. Il était
perdu, perdu sans remède.

Elle contemplait cela sans dire un mot, trop indignée
pour qu'un son pût sortir de sa gorge. Lui aussi, il constatait
le dégât et il restait stupide, épouvanté, consterné.

95 Puis ils se regardèrent ; puis il baissa les yeux ; puis il
reçut par la figure l'objet crevé qu'elle lui jetait ; puis elle cria,
retrouvant sa voix dans un emportement de fureur :
« Ah ! canaille ! canaille ! Tu en as fait exprès ! Mais tu me
le payeras ! Tu n'en auras plus... »

100 Et la scène recommença. Après une heure de tempête, il
put enfin s'expliquer. Il jura qu'il n'y comprenait rien ; que
cela ne pouvait provenir que de malveillance ou de vengeance.

Un coup de sonnette le délivra. C'était un ami qui devait
dîner chez eux.

105 Mme Oreille lui soumit le cas. Quant à acheter un nouveau
parapluie, c'était fini, son mari n'en aurait plus.

14. *Relevez les éléments marquant le trouble, puis la colère
de Mme Oreille (l. 53 à 60).*
15. *Pourquoi accuse-t-elle son
mari d'avoir abîmé le parapluie ? Cherchez le terme
« saltimbanque » et commentez l'expression : « Tu as fait le
saltimbanque » (l. 72).*
16. *Comment se défend-il
(l. 66 à 69) ? Est-ce adroit ? Est-
il innocent ou coupable selon
vous ?*
17. *Pour quelles raisons la réponse de M. Oreille : « Je l'ai
ouvert une seule fois pour
montrer comme il était beau »
(l. 75-76) est-elle touchante ?*
18. *Pourquoi peut-on dire que
Maupassant attaque le ma-
riage (l. 77 à 80) ?*
19. *Pourquoi M. Oreille a-t-il
de nouveau honte de son parapluie (l. 81 à 85) ?*
20. *Que se passe-t-il au soir
du deuxième jour (l. 86 à 91) ?
Que laisse présager la phrase :
« Il était criblé de petits trous
(...), comme si on eût vidé dessus la cendre d'une pipe allumée (l. 90) ?*
21. *Commentez la réaction
des deux personnages face à ce
gâchis (l. 92 à 94). Pourquoi
est-elle très représentative de
leurs caractères respectifs ?*
22. *Quel détail fait croire à
Mme Oreille que son mari est
responsable du désastre (l. 95 à
99) ? Quel mouvement de colère a-t-elle ? Pourquoi est-ce
profondément injuste ?*
23. *Mme Oreille change-t-elle
finalement d'avis quant à la
responsabilité de son mari
(l. 103 à 109) ? A quelle occasion ?
Quel argument l'emporte ?*

démission : lettre par laquelle on renonce à son emploi

La Maternelle : nom de la compagnie d'assurances

soubresaut : violent sursaut

railleurs : moqueurs

Le souvenir de cette perte la martelait douloureusement : le souvenir de cette perte l'obsédait et lui revenait sans cesse à l'esprit en lui causant de la douleur

crânes : prétentieux

baleines (d'un parapluie) : tiges servant à tendre la toile

cordelet : petit cordon

L'ami argumenta avec raison :

« Alors, madame, il perdra ses habits, qui valent certes davantage. »

110 La petite femme, toujours furieuse, répondit :

« Alors, il prendra un parapluie de cuisine, je ne lui en donnerai pas un nouveau en soie. »

À cette pensée, Oreille se révolta.

« Alors je donnerai ma démission*, moi ! Mais je n'irai pas

115 au ministère avec un parapluie de cuisine. »

L'ami reprit :

« Faites recouvrir celui-là, ça ne coûte pas très cher. »

Mme Oreille exaspérée balbutiait :

« Il faut au moins huit francs pour le faire recouvrir. Huit

120 francs et dix-huit, cela fait vingt-six ! Vingt-six francs pour un parapluie, mais c'est de la folie ! c'est de la démence ! »

L'ami, bourgeois pauvre, eut une inspiration :

« Faites-le payer par votre assurance. Les compagnies paient les objets brûlés, pourvu que le dégât ait eu lieu dans

125 votre domicile. »

À ce conseil, la petite femme se calma net ; puis, après une minute de réflexion, elle dit à son mari :

« Demain, avant de te rendre à ton ministère, tu iras dans les bureaux de *La Maternelle** faire constater l'état de ton para-

130 pluie et réclamer le payement. »

M. Oreille eut un soubresaut*.

« Jamais de la vie je n'oserai ! C'est dix-huit francs de perdus, voilà tout. Nous n'en mourrons pas. »

Et il sortit le lendemain avec une canne. Il faisait

135 beau heureusement.

Restée seule à la maison, Mme Oreille ne pouvait se consoler de la perte de ses dix-huit francs. Elle avait le parapluie sur la table de la salle à manger, et elle tournait autour, sans parvenir à prendre une résolution.

140 La pensée de l'Assurance lui revenait à tout instant, mais elle n'osait pas non plus affronter les regards railleurs* des messieurs qui la recevraient, car elle était timide devant le monde, rougissant pour un rien, embarrassée dès qu'il lui fallait parler à des inconnus.

145 Cependant le regret des dix-huit francs la faisait souffrir comme une blessure. Elle n'y voulait plus songer, et sans cesse le souvenir de cette perte la martelait douloureusement*. Que faire cependant ? Les heures passaient ; elle ne se décidait à rien. Puis, tout à coup, comme les poltrons qui deviennent crâ-

150 nes*, elle prit sa résolution.

« J'irai, et nous verrons bien ! »

Mais il lui fallait d'abord préparer le parapluie pour que le désastre fût complet et la cause facile à soutenir. Elle prit une allumette sur la cheminée et fit, entre les baleines*, une

155 grande brûlure, large comme la main ; puis elle roula délicatement ce qui restait de la soie, la fixa avec le cordelet* élastique, mit son châle et son chapeau et descendit d'un pied pressé vers la rue de Rivoli où se trouvait l'Assurance.

Mais, à mesure qu'elle approchait, elle ralentissait le pas.

160 Qu'allait-elle dire ? Qu'allait-on lui répondre ?

Elle regardait les numéros des maisons. Elle en avait encore vingt-huit. Très bien ! elle pouvait réfléchir. Elle allait de moins en moins vite. Soudain elle tressaillit. Voici la porte,

24. *Qu'est-ce qu'une métaphore ? Cherchez la définition dans un dictionnaire et commentez la métaphore de la ligne 66.*

25. *Qu'est-ce qu'un parapluie de cuisine selon vous (l. 111) ?*

26. *Pourquoi M. Oreille n'en veut-il pas (l. 113 à 115) ? Que menace-t-il de faire ? Commentez le comique de sa réplique.*

27. *Quelles solutions le visiteur propose-t-il (l. 116 à 125) ?*

28. *Quelle solution Mme Oreille adopte-t-elle ? En quoi ce choix correspond-il bien à son tempérament mesquin ?*

29. *Pourquoi M. Oreille refuse-t-il d'aller à La Maternelle (l. 128 à 133) ? Montrez comment ce refus correspond en fait à un profond sentiment de fierté et de dignité.*

30. *« Elle avait le parapluie sur la table de la salle à manger, et elle tournait autour, sans parvenir à prendre une résolution » : imaginez comment une actrice pourrait jouer la scène.*

31. *Quels nouveaux aspects de la personnalité de Mme Oreille découvrons-nous dans le dernier paragraphe ? Pourquoi sont-ils surprenants ?*

32. *Dans quel but Maupassant choisit-il des tournures volontairement exagérées pour décrire la douleur de Mme Oreille face à la perte de ses 18 francs (l. 145 à 148) ?*

33. *Décide-t-elle finalement d'aller à La Maternelle ?*

34. *Pourquoi fait-elle au parapluie une brûlure « large comme la main » (l. 155) ?*

35. *Où se trouvent les locaux de La Maternelle (l. 158) ?*

36. *Pourquoi notre héroïne avance-t-elle de moins en moins vite au fur et à mesure qu'elle s'approche des bureaux de la compagnie (l. 162-163) ?*

treillage : assemblage de lattes croisées

bureau des sinistres : bureau où s'adresser en cas de détérioration d'un objet assuré

solennels : sévères, cérémonieux

loqueteux : en loques, déchiré, abîmé

165 sur laquelle brille en lettres d'or : «*La Maternelle*, Compagnie d'assurances contre l'incendie.» Déjà! Elle s'arrêta une seconde, anxieuse, honteuse, puis passa, puis revint, puis passa de nouveau, puis revint encore.

Elle se dit enfin :

«Il faut y aller, pourtant. Mieux vaut plus tôt que 170 plus tard.»

Mais, en pénétrant dans la maison, elle s'aperçut que son cœur battait.

Elle entra dans une vaste pièce avec des guichets tout autour; et, par chaque guichet, on apercevait une tête 175 d'homme dont le corps était masqué par un treillage*.

Un monsieur parut, portant des papiers. Elle s'arrêta et, d'une petite voix timide :

«Pardon, Monsieur, pourriez-vous me dire où il faut s'adresser pour se faire rembourser les objets brûlés?»

180 Il répondit, avec un timbre sonore :

«Premier, à gauche, au bureau des sinistres*.»

Ce mot l'intimida davantage encore; et elle eut envie de se sauver, de ne rien dire, de sacrifier ses dix-huit francs. Mais à la pensée de cette somme, un peu de courage lui revint, et 185 elle monta, essoufflée, s'arrêtant à chaque marche.

Au premier, elle aperçut une porte, elle frappa. Une voix claire cria :

«Entrez!»

Elle entra et se vit dans une grande pièce où trois mes-190 sieurs, debout, décorés, solennels*, causaient.

Un d'eux lui demanda :

«Que désirez-vous, Madame?»

Elle ne trouvait plus ses mots, elle bégaya :

«Je viens... je viens... pour... pour un sinistre.»

195 Le monsieur, poli, montra un siège.

«Donnez-vous la peine de vous asseoir, je suis à vous dans une minute.»

Et, retournant vers les deux autres, il reprit la conversation.

200 «La Compagnie, Messieurs, ne se croit pas engagée envers vous pour plus de quatre cent mille francs. Nous ne pouvons admettre vos revendications pour les cent mille francs que vous prétendez nous faire payer en plus. L'estimation d'ailleurs...»

205 Un des deux autres l'interrompit :

«Cela suffit, Monsieur, les tribunaux décideront. Nous n'avons plus qu'à nous retirer.»

Et ils sortirent après plusieurs saluts cérémonieux.

Oh! si elle avait osé partir avec eux, elle l'aurait fait; elle 210 aurait fui, abandonnant tout! Mais le pouvait-elle? Le monsieur revint et, s'inclinant :

«Qu'y a-t-il pour votre service, Madame?»

Elle articula péniblement :

«Je viens pour... pour ceci.»

215 Le directeur baissa les yeux, avec un étonnement naïf, vers l'objet qu'elle lui tendait.

Elle essayait, d'une main tremblante, de détacher l'élastique. Elle y parvint après quelques efforts, et ouvrit brusquement le squelette loqueteux* du parapluie.

COMMENTAIRE DE TEXTE

Chez l'assureur

I. Les personnages

1. *Combien y a-t-il de personnages dans ce passage?*
2. *Qui sont-ils?*
3. *Pourquoi Mme Oreille est-elle mal à l'aise parmi eux?*
4. *Décrivez le directeur de la compagnie.*
5. *Pourquoi peut-on dire que ce personnage est radicalement différent de M. Oreille?*

II. L'histoire

1. *Pour quelles raisons cet extrait constitue-t-il le passage le plus important de la nouvelle?*
2. *Donnez un titre à chacune des deux parties.*
1re partie : l. 186 à 208
2e partie : l. 209 à 245

III. Le texte

1. *Comparez l'aisance du directeur et la timidité de Mme Oreille. Par quoi se traduit l'intimidation de cette dernière (l. 193-194)?*
2. *Résumez les propos échangés par le directeur et ses deux précédents clients.*

indemnité :
remboursement

220   L'homme prononça, d'un ton compatissant :
«Il me paraît bien malade. »
Elle déclara avec hésitation :
«Il m'a coûté vingt francs. »
Il s'étonna :
225   «Vraiment! Tant que ça?
— Oui, il était excellent. Je voulais vous faire constater
son état.
— Fort bien ; je vois. Fort bien. Mais je ne saisis pas en
quoi cela peut me concerner. »
230   Une inquiétude la saisit. Peut-être cette compagnie-là ne
payait-elle pas les menus objets, et elle dit :
«Mais... il est brûlé...»
Le monsieur ne nia pas :
«Je le vois bien. »
235   Elle restait bouche béante, ne sachant plus que dire ; puis,
soudain, comprenant son oubli, elle prononça avec précipita-
tion :
«Je suis Mme Oreille. Nous sommes assurés à *La Maternelle ;* et je viens vous réclamer le prix de ce dégât. »
240   Elle se hâta d'ajouter dans la crainte d'un refus positif :
«Je demande seulement que vous le fassiez recouvrir. »
Le directeur, embarrassé, déclara :
«Mais... madame... nous ne sommes pas marchands de
parapluies. Nous ne pouvons nous charger de ces genres
245   de réparations. »
La petite femme sentait l'aplomb lui revenir. Il fallait lutter. Elle lutterait donc! Elle n'avait plus peur ; elle dit :
«Je demande seulement le prix de la réparation. Je la
ferai bien faire moi-même. »
250   Le monsieur semblait confus :
«Vraiment, madame c'est bien peu. On ne nous demande
jamais d'indemnité* pour des accidents d'une si minime importance. Nous ne pouvons rembourser, convenez-en, les mou-
choirs, les gants, les balais, les savates, tous les petits objets qui
255   sont exposés chaque jour à subir des avaries par la flamme. »
Elle devint rouge, sentant la colère l'envahir :
«Mais, monsieur, nous avons eu au mois de décembre
dernier, un feu de cheminée qui nous a causé au moins pour
cinq cents francs de dégâts ; M. Oreille n'a rien réclamé à la
260   compagnie ; aussi il est bien juste aujourd'hui qu'elle me paie
mon parapluie! »
Le directeur, devinant le mensonge, dit en souriant :
«Vous avouerez, madame, qu'il est bien étonnant que M.
Oreille, n'ayant rien demandé pour un dégât de cinq cents
265   francs, vienne réclamer une réparation de cinq ou six francs
pour un parapluie. »
Elle ne se troubla point et répliqua :
«Pardon, monsieur, le dégât de cinq cents francs concer-
nait la bourse de M. Oreille, tandis que le dégât de dix-huit
270   francs concerne la bourse de Mme Oreille, ce qui n'est pas la
même chose. »
Il vit qu'il ne s'en débarrasserait pas et qu'il allait perdre
sa journée, et il demanda avec résignation :
«Veuillez me dire alors comment l'accident est arrivé. »
275   Elle sentit la victoire et se mit à raconter :

3. *Pourquoi la requête de Mme Oreille est-elle d'autant plus ridicule ?*
4. *Soulignez la phrase montrant son désir de fuite.*
5. *Pourquoi le directeur de* La Maternelle *ne comprend-il pas le sens de la visite de sa cliente ? Relevez les phrases ou termes témoignant de sa surprise.*
6. *Dégagez les termes décrivant l'embarras de Mme Oreille (l. 213 à 222).*
7. *Pourquoi Mme Oreille a-t-elle oublié de se présenter et d'annoncer l'objet de sa visite (l. 238 à 239) ?*
8. *Expliquez la formule « refus positif » (l. 240).*
9. *Commentez la dernière réponse du directeur (l. 243 à 245).*
10. *Selon vous, Mme Oreille est-elle consciente du fait qu'elle se donne en spectacle ?*

IV. Au-delà du texte

1. *Citez les noms de trois compagnies d'assurances actuelles.*
2. *Quels types d'assurances propose-t-on aujourd'hui ? Que peut-on assurer ? Donnez quelques exemples.*
3. *Qu'est-ce qu'un bonus-malus ? Recherchez le terme dans un dictionnaire et expliquez-le.*

40. *Mme Oreille insiste-t-elle face aux arguments pleins de bon sens de l'assureur (l. 246 à 249) ?*
41. *Pourquoi Maupassant emploie-t-il le mot « lutter » (l. 247) ?*
42. *Que pensez-vous de l'histoire du feu de cheminée (l. 257 à 261) ? Pourquoi le directeur n'a-t-il aucun mal à deviner le mensonge ?*
43. *Quel argument finit cependant par le faire capituler (l. 268 à 271) ? Pourquoi, malgré son aspect comique, cet argument est-il invraisemblable ?*

C'étaient donc des allumettes du gouvernement ? : plaisanterie mettant en cause la qualité des allumettes en question

«Voilà, monsieur : j'ai dans mon vestibule une espèce de chose en bronze où l'on pose les parapluies et les cannes. L'autre jour donc, en rentrant, je plaçai dedans celui-là. Il faut vous dire qu'il y a juste au-dessus une planchette pour mettre les bougies et les allumettes. J'allonge le bras et je prends quatre allumettes. J'en frotte une ; elle rate. J'en frotte une autre ; elle s'allume et s'éteint aussitôt. J'en frotte une troisième ; elle en fait autant. »

Le directeur l'interrompit pour placer un mot d'esprit.

285 «C'étaient donc des allumettes du gouvernement* ? »

Elle ne comprit pas, et continua :

«Ça se peut bien. Toujours est-il que la quatrième prit feu et j'allumai ma bougie ; puis je rentrai dans ma chambre pour me coucher. Mais au bout d'un quart d'heure, il me sembla 290 qu'on sentait le brûlé. Moi j'ai toujours peur du feu. Oh ! si nous avons jamais un sinistre, ce ne sera pas ma faute ! Surtout depuis le feu de cheminée dont je vous ai parlé, je ne vis pas. Je me relève donc, je sors, je cherche, je sens partout comme un chien de chasse, et je m'aperçois enfin que mon para-295 pluie brûle. C'est probablement une allumette qui était tombée dedans. Vous voyez dans quel état ça l'a mis...»

Le directeur en avait pris son parti ; il demanda :

«A combien estimez-vous le dégât ? »

Elle demeura sans parole, n'osant pas fixer un chiffre.
300 Puis elle dit, voulant être large :

«Faites-le réparer vous-même. Je m'en rapporte à vous. »

Il refusa :

«Non, madame, je ne peux pas. Dites-moi combien vous demandez.

305 — Mais... il me semble... que... Tenez, monsieur, je ne veux pas gagner sur vous, moi... nous allons faire une chose. Je porterai mon parapluie chez un fabricant qui le recouvrira en bonne soie, en soie durable, et je vous apporterai la facture. Ça vous va-t-il ?

310 — Parfaitement, madame ; c'est entendu. Voici un mot pour la caisse, qui remboursera votre dépense. »

Et il tendit une carte à Mme Oreille, qui la saisit, puis se leva et sortit en remerciant, ayant hâte d'être dehors, de crainte qu'il ne changeât d'avis.

315 Elle allait maintenant d'un pas gai par la rue, cherchant un marchand de parapluies qui lui parût élégant. Quand elle eut trouvé une boutique d'allure riche, elle entra et dit, d'une voix assurée :

«Voici un parapluie à recouvrir en soie, en très bonne 320 soie. Mettez-y ce que vous avez de meilleur. Je ne regarde pas au prix. »

1. La Ficelle

Quelques repères

1. Où se trouve Goderville ? A quelle occasion les paysans se rassemblent-ils au début de cette nouvelle ?

2. Qui est maître Hauchecorne ? Est-il jeune ou vieux ? Habite-t-il Goderville ou Bréauté ?

3. Qui est maître Malandain ?

4. Pour quelle raison les deux hommes ne s'aiment-ils pas ?

L'action

1. Quand maître Hauchecorne trouve-t-il la ficelle ?

2. Par qui et pour quelle raison les paysans sont-ils interrompus durant leur déjeuner chez maître Jourdain ?

3. De quelle manière le paysan tente-t-il de prouver sa bonne foi au maire ?

4. Que pensez-vous de la démarche de maître Malandain ?

5. Retrouve-t-on le portefeuille ? Pourquoi le vieil homme n'est-il pas innocenté pour autant ?

6. Pour quelle raison la réaction des gens qui l'entourent l'exaspère-t-elle ?

III. Thèmes et style

1. Comment Maupassant décrit-il l'allure de ses paysans ? Pourquoi paraissent-ils authentiques, réalistes ?

2. Par quels moyens parvient-il à ce qu'hommes et bêtes soient assimilés à la lecture *(p. 58)* ?

3. Relevez quelques phrases ou tournures transcrivant la langue déformée des paysans.

IV. Sujets de recherche

1. Avez-vous déjà acheté un objet en le marchandant ou vu quelqu'un le faire ? Racontez cette expérience.

2. Qu'est-ce qu'un bourrelier ? Quels autres métiers, aujourd'hui artisanaux, connaissez-vous ?

2. Le Parapluie

Quelques repères

1. Comment s'appelle l'héroïne ? Pourquoi ce nom situe-t-il immédiatement la nouvelle dans un contexte humoristique ?

2. Quel est le principal défaut de ce personnage ?

3. Quel métier son mari exerce-t-il ?

4. Combien de temps utilise-t-il le parapluie rapiécé ?

5. D'où vient le « drame » ?

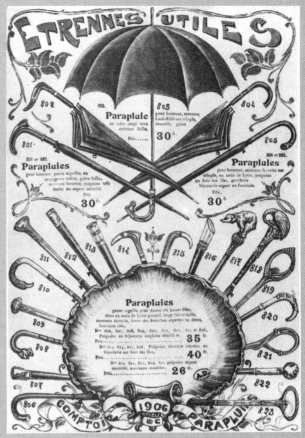

Réclame pour des parapluies en 1906.

II. L'action

1. Madame Oreille accuse son mari d'avoir abîmé le parapluie. Qu'imagine-t-elle ?

2. Comment répare-t-elle l'objet ? Pourquoi peut-on dire que monsieur Oreille est victime d'une certaine fatalité ?

3. Que se passe-t-il le lendemain soir, quand il rentre du bureau ? Comment sa femme réagit-elle ?

4. Pourquoi est-ce injuste ? Monsieur Oreille est-il responsable ?

5. Comment s'appelle la compagnie d'assurances ?

6. Pour quelles raisons l'assureur ne rembourse-t-il pas habituellement les parapluies brûlés ?

III. Thèmes et style

1. Comment l'avarice de madame Oreille se manifeste-t-elle successivement ? Relevez les exemples du texte.

2. Les brimades endurées par monsieur Oreille au ministère sont-elles réalistes ? Pourquoi ?

IV. Sujets de recherche

1. Avez-vous déjà entendu parler d'escroquerie d'assurance ? Si oui, faites-en le récit.

2. Connaissez-vous des cas d'assurances inhabituelles, insolites, voire amusantes ? Pourquoi par exemple un artiste chanteur assure-t-il sa voix ?

3. Qui était Crésus ? Pourquoi dit-on « être riche comme Crésus » ? Cherchez des expressions ou proverbes sur l'argent.

THÈME D'ÉTUDE

Le fantastique selon Maupassant

Maupassant apparaît comme l'un des grands écrivains fantastiques de notre patrimoine littéraire. Ses contes fantastiques, courts mystères inquiétants de cinq à dix pages, sont en effet aujourd'hui présentés comme des modèles du genre.

La Main

Maupassant écrit La Main *et* La Main d'écorché *à la suite de son acquisition d'une main d'écorché chez le poète Swinburne. Si les deux histoires sont différentes, la main elle, est la même et il est à ce titre très intéressant de comparer les deux passages la décrivant.*

Cette nouvelle est racontée par monsieur Bermutier, juge d'instruction (ce détail étant censé empêcher quiconque de douter de sa parole). Il explique dans quelles conditions il a autrefois été amené à rencontrer, alors qu'il était en poste à Ajaccio, un Anglais assez excentrique venu s'installer sur l'île française.

Or, j'appris un jour qu'un Anglais venait de louer pour plusieurs années une petite villa au fond du golfe. Il avait amené avec lui un domestique français, pris à Marseille en passant.

(...)

Un soir enfin, comme je passais devant sa porte, je l'aperçus qui fumait sa pipe, à cheval sur une chaise, dans son jardin. Je le saluai, et il m'invita à entrer pour boire un verre de bière. Je ne me le fis pas répéter.

Son salon était tendu de noir, de soie noire brodée d'or. De grandes fleurs jaunes couraient sur l'étoffe sombre, brillaient comme du feu.

Il annonça :

« C'été une drap japonaise. »

Mais, au milieu du plus large panneau, une chose étrange me tira l'œil. Sur un carré de velours rouge, un objet noir, se détachait. Je m'approchai : c'était une main, une main d'homme. Non pas un main de squelette, blanche et propre, mais une main noire desséchée, avec des ongles jaunes, les muscles à nu et des traces de sang ancien, de sang pareil à une crasse, sur les os coupés net, comme d'un coup de hache, vers le milieu de l'avant-bras.

Autour du poignet une énorme chaîne de fer, rivée, soudée à ce membre malpropre, l'attachait au mur par un anneau assez fort pour tenir un éléphant en laisse.

Je demandai :

« Qu'est-ce que cela ? »

L'Anglais répondit tranquillement :

« C'été ma meilleur ennemi. Il vené d'Amérique. Il avé été fendu avec le sabre et arraché la peau avec une caillou coupante, et séché dans le soleil pendant huit jours. Aoh, très bonne pour moi, cette. »

Je touchai ce débris humain qui avait dû appartenir un colosse. Les doigts, démesurément longs, étaient att chés par des tendons énormes que retenaient des lanière de peau par places. Cette main était affreuse à voir, éco chée ainsi, elle faisait penser naturellement à quelques ve geance de sauvage.

Je dis :

« Cet homme devait être très fort. »

L'Anglais prononça avec douceur :

« Aoh yes ; mais je été plus fort que lui. J'avé mis cet chaîne pour le tenir. »

Je crus qu'il plaisantait. Je dis :

« Cette chaîne maintenant est bien inutile, la main ne sauvera pas. »

Sir John Rowell reprit gravement :

« Elle voulé toujours s'en aller. Cette chaîne été néce saire. »

D'un coup d'œil rapide, j'interrogeai son visage, n demandant :

« Est-ce un fou, ou un mauvais plaisant ? »

Mais la figure demeurait impénétrable, tranquille bienveillante. Je parlai d'autre chose et j'admirai les fusi

Je remarquai cependant que trois revolvers charg étaient posés sur les meubles, comme si cet homme e vécu dans la crainte constante d'une attaque.

La Main, 188

Guy de Maupassant est encore étudiant lorsqu'il écrit la [...] originale histoire du Docteur Héraclius Gloss. *Ce récit [...] savoureux, plein d'humour et de clins d'œil. Le person-[...]ge, fou à lier, très amusant.*
Héraclius est passionné par la métempsycose, théorie selon [...]quelle une même âme peut habiter successivement plusieurs [...]ps différents.

[...]es dix-huit métempsycoses. Histoire de mes exis-[...]nces depuis l'an 184 de l'ère appelée chrétienne.

[...] Immédiatement après ce titre singulier, se trouvait [...] introduction suivante qu'Héraclius Gloss déchiffra incon-[...]ent :

[...] « Ce manuscrit qui contient le récit fidèle de mes trans-[...]grations, a été commencé par moi dans la cité romaine [...] l'an CLXXXIV de l'ère chrétienne, comme il est [...] ci-dessus.

[...] »Je signe cette explication destinée à éclairer les [...]mains sur les alternances des réapparitions de l'âme, ce [...]rd'hui, 16 avril 1748, en la ville de Balançon où m'ont [...]é les vicissitudes de mon destin.

[...] »Il suffira à tout homme éclairé et préoccupé des pro-[...]èmes philosophiques de jeter les yeux sur ces pages pour [...] la lumière se fasse en lui de la façon la plus éclatante.

[...] »Je vais, pour cela, résumer, en quelques lignes la subs-[...]nce de mon histoire qu'on pourra lire plus bas pour peu [...]'on sache le latin, le grec, l'allemand, l'italien, l'espagnol [...] le français ; car, à des époques différentes de mes réap-[...]ritions humaines, j'ai vécu chez ces peuples divers. Puis [...]xpliquerai par quel enchaînement d'idées, quelles pré-[...]tions psychologiques et quels moyens mnémotechni-[...]es, je suis arrivé infailliblement à des conclusions [...]étempsycosistes.

[...] »En l'an 184, j'habitais Rome et j'étais philosophe. [...]omme je me promenais un jour sur la voie Appienne, il [...] vint à la pensée que Pythagore pouvait avoir été comme [...]ube encore indécise d'un grand jour près de naître. A [...]rtir de ce moment je n'eus plus qu'un désir, qu'un [...]t, qu'une préoccupation constante : me souvenir de mon [...]assé. Hélas ! tous mes efforts furent vains, il ne me reve-[...]ait rien des existences antérieures.

[...] »Or un jour je vis par hasard sur le socle d'une statue de [...]piter placée dans mon atrium, quelques traits que j'avais [...]avés dans ma jeunesse et qui me rappelèrent tout à coup [...] événement depuis longtemps oublié. Ce fut comme un [...]yon de lumière ; et je compris que si quelques années, [...]rfois même une nuit, suffisent pour effacer un souvenir, [...] plus forte raison les choses accomplies dans les existences [...]térieures, et sur lesquelles a passé la grande somnolence [...]s vies intermédiaires et animales, doivent disparaître de [...]otre mémoire.

[...] »Alors je gravai mon histoire sur les tablettes de pierre, [...]pérant que le destin me la remettrait peut-être un jour [...]us les yeux, et qu'elle serait pour moi comme l'écriture [...]trouvée sur le socle de ma statue.

[...] »Ce que j'avais désiré se réalisa. Un siècle plus tard, [...]omme j'étais architecte, on me chargea de démolir une [...]eille maison pour bâtir un palais à la place qu'elle [...]ait occupée.

[...] »Les ouvriers que je dirigeais m'apportèrent un jour une [...]erre brisée couverte d'écriture qu'ils avaient trouvée en [...]eusant les fondations. Je me mis à la déchiffrer — et tout [...] lisant la vie de celui qui avait tracé ces signes, il me [...]venait par instant comme des lueurs rapides d'un passé

Edgar Poe.

E.T.W. Hoffmann

J. Barbey d'Aurevilly

Oscar Wilde

Quelques auteurs de récits fantastiques du XIXe siècle.

oublié. Peu à peu le jour se fit dans mon âme, je compris, je me souvins. Cette pierre, c'était moi qui l'avais gravée !

Le Docteur Héraclius Gloss, 1875.

Lui ?

Maupassant est également très adroit pour suggérer le fantastique à partir du quotidien. Ainsi dans Lui ?, *un célibataire endurci en vient-il à annoncer à son meilleur ami qu'il se marie avec la première venue dans le seul but de n'être plus seul la nuit. Cet homme, ayant eu un soir une hallucination (rentrant tard chez lui, il a cru voir un homme assis dans son fauteuil près du feu), reste complètement traumatisé et se trouve désormais pris d'angoisse chaque jour à la tombée de la nuit.*

Alors !... oui. Alors !... Eh bien ! j'ai peur de moi ! j'ai peur de la peur ; peur des spasmes de mon esprit qui s'affole, peur de cette horrible sensation de la terreur incompréhensible.

Ris si tu veux. Cela est affreux, inguérissable. J'ai peur des murs, des meubles, des objets familiers qui s'animent, pour moi, d'une sorte de vie animale. J'ai peur surtout du trouble horrible de ma pensée, de ma raison qui m'échappe brouillée, dispersée par une mystérieuse et invisible angoisse.

Je sens d'abord une vague inquiétude qui me passe dans l'âme et me fait courir un frisson sur la peau. Je regarde autour de moi. Rien ! Et je voudrais quelque chose ! Quoi ? Quelque chose de compréhensible. Puisque j'ai peur uniquement parce que je ne comprends pas ma peur.

Je parle! j'ai peur de ma voix. Je marche! j'ai peur de l'inconnu de derrière la porte, de derrière le rideau, de dans l'armoire, de sous le lit. Et pourtant je sais qu'il n'y a rien nulle part.

Je me retourne brusquement parce que j'ai peur de ce qui est derrière moi, bien qu'il n'y ait rien et que je le sache.

Je m'agite, je sens mon effarement grandir; et je m'enferme dans ma chambre; et je m'enfonce dans mon lit, et je me cache sous mes draps; et blotti, roulé comme une boule, je ferme les yeux désespérément, et je demeure ainsi pendant un temps infini avec cette pensée que ma bougie demeure allumée sur ma table de nuit et qu'il faudrait pourtant l'éteindre. Et je n'ose pas.

N'est-ce pas affreux, d'être ainsi?

Lui?, 1883.

Apparition

Apparition se différencie des textes déjà cités ici, s'apparentant plutôt au Horla *puisqu'un fantôme y est mis en scène. Ce fantôme ne ressemble cependant pas à son homologue brésilien : c'est une belle jeune femme.*

L'histoire est la suivante : un homme accablé de chagrin charge son meilleur ami d'aller chercher pour lui les lettres de sa bien-aimée qui ont été oubliées au château où la jeune femme est morte.

Il est à noter qu'il existe un certain parallélisme entre la femme de cet extrait et Maupassant. L'écrivain souffrait en effet de migraines épouvantables et le soir il prenait souvent le temps de se peigner longuement les cheveux, comme si les mouvements de son peigne avait pu faire sortir la douleur de sa tête.

Une grande femme vêtue de blanc me regardait, debout derrière le fauteuil où j'étais assis une seconde plus tôt.

Une telle secousse me courut dans les membres que je faillis m'abattre à la renverse! Oh! personne ne peut comprendre, à moins de les avoir ressenties, ces épouvantables et stupides terreurs. L'âme se fond; on ne sent plus son cœur; le corps entier devient mou comme une éponge, on dirait que tout l'intérieur de nous s'écroule.

Je ne crois pas aux fantômes; eh bien! j'ai défailli sous la hideuse peur des morts, et j'ai souffert, oh! souffert en quelques instants plus qu'en tout le reste de ma vie, dans l'angoisse irrésistible des épouvantes surnaturelles.

Si elle n'avait pas parlé, je serais mort peut-être! Mais elle parla; elle parla d'une voix douce et douloureuse qui faisait vibrer les nerfs. Je n'oserais pas dire que je redevins maître de moi et que je retrouvai ma raison. Non. J'étais éperdu à ne plus savoir ce que je faisais; mais cette espèce de fierté intime que j'ai en moi, un peu d'orgueil de métier aussi, me faisaient garder, presque malgré moi, une contenance honorable. Je posais pour moi, et pour elle sans doute, pour elle, quelle qu'elle fût, femme ou spectre. Je me suis rendu compte de tout cela plus tard, car je vous assure que, dans l'instant de l'apparition, je ne songeais à rien. J'avais peur.

Elle dit :

«Oh! Monsieur, vous pouvez me rendre un grand service!»

Je voulus répondre, mais il me fut impossible de prononcer un mot. Un bruit vague sortit de ma gorge.

*« Apparition », gravure pour l'illustration d'un roman popula_* (1900).

Elle reprit :

«Voulez-vous? Vous pouvez me sauver, me guérir. souffre affreusement. Je souffre, oh! je souffre!»

Et elle s'assit doucement dans mon fauteuil. Elle r regardait :

«Voulez-vous?»

Je fis : «Oui?» de la tête, ayant encore la voix paralysé

Alors elle me tendit un peigne en écaille et elle mu mura :

«Peignez-moi, oh! peignez-moi; cela me guérira; il fa qu'on me peigne. Regardez ma tête... Comme je souffr et mes cheveux comme ils me font mal!»

Ses cheveux dénoués, très longs, très noirs, me ser blait-il, pendaient par-dessus le dossier du fauteuil et to chaient la terre.

Pourquoi ai-je fait ceci? Pourquoi ai-je reçu en frisso nant ce peigne, et pourquoi ai-je pris dans mes mains s longs cheveux qui me donnèrent à la peau une sensation froid atroce comme si j'eusse manié des serpents? Je n' sais rien.

Cette sensation m'est restée dans les doigts et je tressai en y songeant.

Je la peignai. Je maniai je ne sais comment cette chev lure de glace. Je la tordis, je la renouai et la dénouai; je tressai comme on tresse la crinière d'un cheval. Elle soup rait, penchait la tête, semblait heureuse.

Soudain elle me dit : « Merci! » m'arracha le peigne d mains et s'enfuit par la porte que j'avais remarquée entrou verte.

La Mère aux monstres

Partant d'un fait réel, les grossesses à problèmes, Maupassant invente là une histoire complètement folle, épouvantable, cauchemardesque.

Cette fille était servante autrefois dans une ferme, vaillante, rangée et économe. On ne lui connaissait point d'amoureux, on ne lui soupçonnait point de faiblesse.

Elle commit une faute, comme elles font toutes, un soir de récolte, au milieu des gerbes fauchées, sous un ciel d'orage, alors que l'air immobile et pesant semble plein d'une chaleur de four, et trempe de sueur les corps bruns des gars et des filles.

Elle se sentit bientôt enceinte et fut torturée de honte et de peur. Voulant à tout prix cacher son malheur, elle se serrait le ventre violemment avec un système qu'elle avait inventé, corset de force, fait de planchettes et de cordes. Plus son flanc s'enflait sous l'effort de l'enfant grandissant, plus elle serrait l'instrument de torture, souffrant le martyre, mais courageuse à la douleur, toujours souriante et souple, sans laisser rien voir ou soupçonner.

Elle estropia dans ses entrailles le petit être étreint par l'affreuse machine; elle le comprima, le déforma, en fit un monstre. Son crâne pressé s'allongea, jaillit en pointe avec deux gros yeux en dehors tout sortis du front. Les membres comprimés contre le corps poussèrent, tordus comme le bois des vignes, s'allongèrent démesurément, terminés par des doigts pareils à des pattes d'araignée.

Le torse demeura tout petit et rond comme une noix.

Elle accoucha en plein champ par un matin de printemps.

Quand les sarcleuses, accourues à son aide, virent la bête qui lui sortait du corps, elles s'enfuirent en poussant des cris. Et le bruit se répandit dans la contrée qu'elle avait mis au monde un démon. C'est depuis ce temps qu'on l'appelle « la Diable ».

Elle fut chassée de sa place. Elle vécut de charité et peut-être d'amour dans l'ombre, car elle était belle fille, et tous les hommes n'ont pas peur de l'enfer.

Elle éleva son monstre qu'elle haïssait d'ailleurs d'une haine sauvage et qu'elle eût étranglé peut-être, si le curé, prévoyant le crime, ne l'avait épouvantée par la menace de la justice.

Or, un jour, des montreurs de phénomènes qui passaient entendirent parler de l'avorton effrayant et demandèrent à le voir pour l'emmener s'il leur plaisait. Il leur plut, et ils versèrent à la mère cinq cents francs comptant. Elle, honteuse d'abord, refusait de laisser voir cette sorte d'animal; mais quand elle découvrit qu'il valait de l'argent, qu'il excitait l'envie de ces gens, elle se mit à marchander, à discuter sou par sou, les allumant par les difformités de son enfant, haussant ses prix avec une ténacité de paysan.

Pour n'être pas volée, elle fit un papier avec eux. Et ils s'engagèrent à lui compter en outre quatre cent francs par an, comme s'ils eussent pris cette bête à leur service.

Ce gain inespéré affola la mère, et le désir ne la quitta plus d'enfanter un autre phénomène, pour se faire des rentes comme une bourgeoise.

Comme elle était féconde, elle réussit à son gré, et elle devint habile, paraît-il, à varier les formes de ses monstres selon les pressions qu'elle leur faisait subir pendant le temps de la grossesse.

Elle en eut de longs et de courts, les uns pareils à des crabes, les autres semblables à des lézards. Plusieurs moururent; elle fut désolée.

La Mère aux monstres, 1883.

Gravure pour l'illustration des Mémoires de Barnum.

73

THÈME D'ÉTUDE

Le réalisme chez Maupassant

Garçon un bock!

Garçon un bock! *est une nouvelle triste et profondément pessimiste. Le narrateur rencontre un jour par hasard, en entrant dans une brasserie, un ancien camarade de collège, le comte Jean des Barrets. Le jeune étudiant s'est métamorphosé en clochard ivrogne et passe toutes ses journées au café, buvant bock sur bock. Sa philosophie de la vie est totalement désespérée et ce à cause d'une scène particulièrement traumatisante à laquelle il a assisté étant enfant. Maupassant dénonce ici avec une grande force les mésententes conjugales déstabilisant les enfants. On ne peut s'empêcher de penser qu'il a probablement vécu ce genre de scène car son père était très violent.*

«Tu te rappelles mon père et ma mère, tous les deux cérémonieux, solennels et sévères.

J'adorais ma mère; je redoutais mon père, et je les respectais tous les deux, accoutumé d'ailleurs à voir tout le monde courbé devant eux. Ils étaient, dans le pays, M. le comte et Mme la comtesse; et nos voisins aussi, les Tannemare, les Ravalet, les Brenneville, montraient pour mes parents une considération supérieure.

J'avais alors treize ans. J'étais gai, content de tout, comme on l'est à cet âge-là, tout plein du bonheur de vivre.

Or, vers la fin de septembre, quelques jours avant ma rentrée au collège, comme je jouais à faire le loup dans les massifs du parc, courant au milieu des branches et des feuilles, j'aperçus, en traversant une avenue, papa et maman qui se promenaient.

Je me rappelle cela comme d'hier. C'était par un jour de grand vent. Toute la ligne des arbres se courbait sous les rafales, gémissait, semblait pousser des cris, de ces cris sourds, profonds, que les forêts jettent dans les tempêtes.

Les feuilles arrachées, jaunes déjà, s'envolaient comme des oiseaux, tourbillonnaient, tombaient puis couraient tout le long de l'allée, ainsi que des bêtes rapides.

Le soir venait. Il faisait sombre dans les fourrés. Cette agitation du vent et des branches m'excitait, me faisait galoper comme un fou, et hurler pour imiter les loups.

Dès que j'eus aperçu mes parents, j'allai vers eux à pas furtifs, sous les branches, pour les surprendre, comme si j'eusse été un rôdeur véritable.

Mais je m'arrêtai, saisi de peur, à quelques pas d'eux. Mon père, en proie à une terrible colère, criait:

«Ta mère est une sotte; et, d'ailleurs, ce n'est pas de ta mère qu'il s'agit, mais de toi. Je te dis que j'ai besoin de cet argent, et j'entends que tu signes.»

Maman répondit, d'une voix ferme:

«Je ne signerai pas. C'est la fortune de Jean, cela. Je la garde pour lui et je ne veux pas que tu la manges encore avec des filles et des servantes, comme tu as fait de ton héritage.»

Alors papa, tremblant de fureur, se retourna, et saisissant sa femme par le cou, il se mit à la frapper avec l'autre main de toute sa force, en pleine figure.

Dessin de Balbo (1893); buveurs de bière dans un café.

Le chapeau de maman tomba, ses cheveux dénoués répandirent: elle essayait de parer les coups, mais elle [ne] pouvait parvenir. Et papa, comme fou, frappait, frapp[ait.] Elle roula par terre, cachant sa face dans ses deux br[as.] Alors il la renversa sur le dos pour la battre encore, éca[r]tant les mains dont elle se couvrait le visage.»

Garçon un bock!, 18[?]

Le Papa de Simon

Simon n'a pas de papa. Il subit les sarcasmes des enfa[nts] cruels, comme sa mère subit le mépris des autres femmes [du] village. Maupassant prend en pitié ce pauvre gamin hand[i]capé, blessé, maltraité parce qu'il n'a pas de père. Ce genre [de] situation était à l'époque très courante et mal accueillie. [Les] jeunes mères abandonnées n'étaient pas pour autant aidé[es ou] soutenues dans leur infortune.

Midi finissait de sonner. La porte de l'école s'ouvrit, [et] les gamins se précipitèrent en se bousculant pour sortir p[lus] vite. Mais au lieu de se disperser rapidement et de ren[trer] dîner, comme ils le faisaient chaque jour, ils s'arrêtère[nt à] quelques pas, se réunirent par groupes et se mire[nt] à chuchoter.

C'est que ce matin-là, Simon, le fils de la Blancho[tte,] était venu à la classe pour la première fois.

Tous avaient entendu parler de la Blanchotte dans leu[rs] familles; et quoiqu'on lui fît bon accueil en public, l[es] mères la traitaient entre elles avec une sorte de compassi[on] un peu méprisante qui avait gagné les enfants sans qu'[ils] sussent du tout pourquoi.

Quant à Simon, ils ne le connaissaient pas, car il ne sortait jamais, et il ne galopinait point avec eux dans les rues
du village ou sur les bords de la rivière. Aussi ne l'aimaient-
ils guère ; et c'était avec une certaine joie mêlée d'un
étonnement considérable, qu'ils avaient accueilli et qu'ils
avaient répété l'un à l'autre cette parole dite par un gars
de quatorze ou quinze ans qui paraissait en savoir long tant
il clignait finement des yeux :

« Vous savez.... Simon... eh bien, il n'a pas de papa. »

Le fils de la Blanchotte parut à son tour sur le seuil
de l'école.

Il avait sept ou huit ans. Il était un peu pâlot, très propre, avec l'air timide, presque gauche.

Il s'en retournait chez sa mère quand les groupes de ses
camarades, chuchotant toujours et le regardant avec les
yeux malins et cruels des enfants qui méditent un mauvais coup, l'entourèrent peu à peu et finirent par l'enfermer tout à fait. Il restait là, planté au milieu d'eux, surpris
et embarrassé, sans comprendre ce qu'on allait lui faire.
Mais le gars qui avait apporté la nouvelle, enorgueilli du
succès obtenu déjà, lui demanda :

« Comment t'appelles-tu, toi ? »

Il répondit : « Simon.

— Simon quoi ? » reprit l'autre.

L'enfant répéta tout confus : « Simon. »

Le gars lui cria : « On s'appelle Simon quelque chose...
c'est pas un nom, ça... Simon. »

Et lui, prêt à pleurer, répondit pour la troisième fois :
« Je m'appelle Simon. »

Les galopins se mirent à rire. Le gars triomphant éleva la
voix : « Vous voyez bien qu'il n'a pas de papa. »

Un grand silence se fit. Les enfants étaient stupéfaits par
cette chose extraordinaire, impossible, monstrueuse — un
garçon qui n'a pas de papa ; ils le regardaient comme un
phénomène, un être hors de la nature, et ils sentaient grandir en eux ce mépris, inexpliqué jusque-là, de leurs mères
pour la Blanchotte.

Le Papa de Simon, 1881.

A l'école...
Aquarelle
de Geoffroy
(1889).

Miss Harriet

*Miss Harriet est anglaise. Elle passe quelques semaines à
Bénouville en Normandie, près d'Étretat. Maupassant s'atta-
che à nous décrire le ridicule de cette vieille demoiselle timide
et bigote. L'histoire cependant ne se bornera pas à une suite
de descriptions piquantes et nous révélera un personnage profond et malgré sa laideur attachant.*

Tout à coup la barrière de bois qui donnait sur le chemin
s'ouvrit, et une étrange personne se dirigea vers la maison.
Elle était très maigre, très grande, tellement serrée dans
un châle écossais à carreaux rouges, qu'on l'eût crue privée de bras si on n'avait vu une longue main paraître à la
hauteur des hanches, tenant une ombrelle blanche de tou-
riste. Sa figure de momie, encadrée de boudins de cheveux
gris roulés, qui sautillaient à chacun de ses pas, me fit penser, je ne sais pourquoi, à un hareng saur qui aurait porté
des papillotes. Elle passa devant moi vivement, en baissant
les yeux, et s'enfonça dans la chaumière.

Cette singulière apparition m'égaya ; c'était ma voisine
assurément, l'Anglaise d'âge dont avait parlé notre hôtesse.

Miss Harriet, 1884.

Le Gueux

*Le Gueux est l'histoire d'un mendiant, pauvre loque
humaine privée de jambes à la suite d'un accident. Maupassant nous décrit la misère quotidienne de cet être dont le but
journalier l'apparente à une bête : trouver à manger et trouver un abri pour dormir. Les mendiants étaient nombreux au
XIXe siècle et l'auteur traduit par souci de réalisme l'un des
aspects de sa société.*

A l'âge de quinze ans, il avait eu les deux jambes écrasées
par une voiture sur la grand'route de Varville. Depuis ce
temps-là, il mendiait en se traînant le long des chemins, à
travers les cours des fermes, balancé sur ses béquilles qui
lui avaient fait remonter les épaules à la hauteur des oreilles. Sa tête semblait enfoncée entre deux montagnes.

Enfant trouvé dans un fossé par le curé des Billettes, la
veille du jour des morts, et baptisé pour cette raison, Nico-
las Toussaint, élevé par charité, demeuré étranger à toute
instruction, estropié après avoir bu quelques verres d'eau-
de-vie offerts par le boulanger du village, histoire de rire
et, depuis lors vagabond, il ne savait rien faire autre chose
que tendre la main.

Autrefois la baronne d'Avary lui abandonnait, pour dormir, une espèce de niche pleine de paille, à côté du poulailler, dans la ferme attenante au château : et il était sûr, aux jours de grande famine, de trouver toujours un morceau de pain et un verre de cidre à la cuisine. Souvent il recevait encore là quelques sols jetés par la vieille dame du haut de son perron ou des fenêtres de sa chambre. Maintenant elle était morte.

(...)

Il n'avait pas de refuge, pas de toit, pas de hutte, pas d'abri. Il dormait partout en été, et l'hiver il se glissait sous les granges ou dans les étables avec une adresse remarquable. Il déguerpissait toujours avant qu'on se fût aperçu de sa présence. Il connaissait les trous pour pénétrer dans les bâtiments ; et le maniement des béquilles ayant rendu ses bras d'une vigueur surprenante, il grimpait à la seule force des poignets jusque dans les greniers à fourrages où il demeurait parfois quatre ou cinq jours sans bouger, quand il avait recueilli dans sa tournée des provisions suffisantes.

Il vivait comme les bêtes des bois, au milieu des hommes, sans connaître personne, sans aimer personne, n'excitant chez les paysans qu'une sorte de mépris indifférent et d'hostilité résignée. On l'avait surnommé « Cloche », parce qu'il se balançait entre ses deux piquets de bois ainsi qu'une cloche entre ses portants.

Le Gueux, 1884.

Départ d'un soldat à la guerre, illustration parue dans Gil Blas *(18*

La Mère Sauvage

L'action de cette nouvelle se situe à Virelogne, lieu imaginaire symbolisant n'importe quelle bourgade de France. Le narrateur revient dans une région qu'il a quittée quinze ans auparavant et qu'il redécouvre avec un œil attendri. Son ami Serval lui raconte alors l'histoire d'une famille connue autrefois et baptisée les Sauvage.

Lorsque la guerre fut déclarée, le fils Sauvage, qui avait alors trente-trois ans, s'engagea laissant la mère seule au logis. On ne la plaignait pas trop, la vieille, parce qu'elle avait de l'argent, on le savait.

Un jour les Prussiens arrivèrent. On les distribua aux habitants, selon la fortune et les ressources de chacun. La vieille, qu'on savait riche, en eut quatre.

C'étaient quatre gros garçons à la chair blonde, à la barbe blonde, aux yeux bleus, demeurés gras malgré les fatigues qu'ils avaient endurées déjà, et bons enfants, bien qu'en pays conquis. Seuls chez cette femme âgée, ils se montrèrent pleins de prévenances pour elle, lui épargnant, autant qu'ils le pouvaient, des fatigues et des dépenses. On les voyait tous les quatre faire leur toilette autour du puits, le matin, en manches de chemise, mouillant à grande eau, dans le jour cru des neiges, leur chair blanche et rose d'hommes du Nord, tandis que la mère Sauvage allait et venait, préparant la soupe. Puis on les voyait nettoyer la cuisine, frotter les carreaux, casser du bois, éplucher les pommes de terre, laver le linge, accomplir toutes les besognes de la maison, comme quatre bons fils autour de leur mère.

Mais elle pensait sans cesse au sien, la vieille, à son grand maigre au nez crochu, aux yeux bruns, à la forte moustache qui faisait sur sa lèvre un bourrelet de poils noirs. Elle demandait chaque jour, à chacun des soldats installés à son foyer :

« Savez-vous où est parti le régiment français, vingt-tr sième de marche ? Mon garçon est dedans. »

Ils répondaient : « Non, bas su, bas savoir tu tout. »

Or, un matin, comme la vieille femme était seule logis, elle aperçut au loin dans la plaine un homme venait vers sa demeure. Bientôt elle le reconnut, c'était piéton chargé de distribuer les lettres. Il lui remit un pap plié et elle tira de son étui les lunettes dont elle se serv pour coudre ; puis elle lut :

« Madame Sauvage, la présente est pour vous porter u triste nouvelle. Votre garçon Victor a été tué hier par boulet, qui l'a censément coupé en deux parts. J'étais près, vu que nous nous trouvions côte à côte dans la com gnie et qu'il me parlait de vous pour vous prévenir au j même s'il lui arrivait malheur.

» J'ai pris dans sa poche sa montre pour vous la repor quand la guerre sera finie.

» Je vous salue amicalement.

« Césaire Riv

Soldat de 2ᵉ classe au 23ᵉ de marche. »

La lettre était datée de trois semaines.

Elle ne pleurait point. Elle demeurait immobile, te ment saisie, hébétée, qu'elle ne souffrait même pas enc Elle pensait : « Vl'à Victor qu'est tué, maintenant. » P peu à peu les larmes montèrent à ses yeux, et la doule envahit son cœur. Les idées lui venaient une à une, affr ses, torturantes. Elle ne l'embrasserait plus, son enfant, s grand, plus jamais ! Les gendarmes avaient tué le père, Prussiens avaient tué le fils... Il avait été coupé en de par un boulet. Et il lui semblait qu'elle voyait la chose, chose horrible : la tête tombant, les yeux ouverts, tan qu'il mâchait le coin de sa grosse moustache, comme il f sait aux heures de colère.

La Mère Sauvage, 188

THÈME D'ÉTUDE

La satire chez Maupassant

Un réveillon

Un réveillon est une satire des mentalités et des pratiques paysannes. Maupassant y désigne ici le peu de respect des ruraux pour leurs morts et, en général, leur manque d'humanité. Les deux personnages, un jeune citadin et son cousin, Jules de Banneville, s'en reviennent un soir de Noël de la messe de minuit et passent devant la chaumière des Fournel. Comme ils ont appris que le grand-père Fournel est décédé dans la journée, ils entrent chez les paysans afin de les réconforter.

Au bout de quelques minutes de silence, mon cousin demanda : « Eh bien, Anthime, votre grand-père est mort ?

— Oui, mon pauv' monsieur, il a passé tantôt. »

Le silence recommença. La femme, par politesse, moucha la chandelle. Alors, pour dire quelque chose, j'ajoutai : « Il était bien vieux. »

Sa petite belle-fille de cinquante-sept ans reprit : « Oh ! son temps était terminé, il n'avait plus rien à faire ici. »

Soudain, le désir me vint de regarder le cadavre de ce centenaire, et je priai qu'on me le montrât.

Les deux paysans, jusque-là placides, s'émurent brusquement. Leurs yeux inquiets s'interrogèrent, et ils ne répondirent pas.

Mon cousin, voyant leur trouble, insista.

L'homme alors, d'un air soupçonneux et sournois, demanda : « A quoi qu'ça vous servirait ? »

A rien, dit Jules, mais ça se fait tous les jours ; pourquoi ne voulez-vous pas le montrer ? »

Le paysan haussa les épaules. « Oh ! moi, j'veux ben ; seulement, à c'te heure-ci, c'est malaisé. »

Mille suppositions nous passaient dans l'esprit. Comme les petits-enfants du mort ne remuaient toujours pas, et demeuraient face à face, les yeux baissés, avec cette tête de bois des gens mécontents, qui semble dire : « Allez-vous-en », mon cousin parla avec autorité : « Allons, Anthime, levez-vous, et conduisez-nous dans sa chambre. » Mais l'homme, ayant pris son parti, répondit d'un air renfrogné : « C'est pas la peine, il n'y est pu, Monsieur.

— Mais alors, où donc est-il ? »

La femme coupa la parole à son mari :

« J'vas vous dire : j'l'avons mis jusqu'à d'main dans la huche, parce que j'avions point d'place. »

Et, retirant l'assiette au boudin, elle leva le couvercle de leur table, se pencha avec la chandelle pour éclairer l'intérieur du grand coffre béant au fond duquel nous aperçûmes quelque chose de gris, une sorte de long paquet d'où sortait, par un bout, une tête maigre avec des cheveux blancs ébouriffés, et, par l'autre bout, deux pieds nus.

C'était le vieux, tout sec, les yeux clos, roulé dans son manteau de berger, et dormant là son dernier sommeil, au milieu d'antiques et noires croûtes de pain, aussi séculaires que lui.

Ses enfants avaient réveillonné dessus !

Jules, indigné, tremblant de colère, cria : « Pourquoi ne l'avez-vous pas laissé dans son lit, manants que vous êtes ? »

Alors la femme se mit à larmoyer, et très vite : « J'vas vous dire, mon bon monsieur, j'avons qu'un lit dans la maison. J'couchions avec lui auparavant puisque j'étions qu'trois. D'puis qu'il est si malade, j'couchons par terre ; c'est dur, mon brave monsieur, dans ces temps ici. Eh ben, quand il a été trépassé, tantôt, j'nous sommes dit comme ça : Puisqu'il n'souffre pu, c't'homme, à quoi qu'ça sert de l'laisser dans l'lit ? J'pouvons ben l'mettre jusqu'à d'main dans la huche, et je r'prendrions l'lit c'te nuit qui s'ra froide. J'pouvions pourtant pas coucher avec ce mort, mes bons messieurs !... »

Mon cousin, exaspéré, sortit brusquement en claquant la porte, tandis que je le suivais, riant aux larmes.

Un réveillon, 1882.

« La mort du gagne-pain »,
par Grateyrolle
(salon de 1902).

Le Vieux

Une fois de plus, Maupassant choisit de parler des paysans. Le vieux de notre histoire est sur le point de mourir. Sa fille et son gendre ne semblent pas souffrir le moins du monde de cette disparition imminente et ne témoignent d'aucun sentiment qui soit à leur honneur. Leurs seules préoccupations face au décès de l'aïeul sont d'ordre pratique : il faut organiser l'enterrement, inviter les connaissances et cuisiner les douillons... L'action de ce premier extrait se situe au soir du premier jour d'agonie du vieux. Le curé a annoncé le matin que le vieil homme ne passerait pas la nuit.

Son homme rentra vers cinq heures. Dès qu'il eut franchi le seuil, il demanda :

« C'est-il fini ? »

Elle répondit :

« Point encore ; ça gargouille toujours. »

Ils allèrent voir. Le vieux était absolument dans le même état. Son souffle rauque, régulier comme un mouvement d'horloge, ne s'était ni accéléré ni ralenti. Il revenait de seconde en seconde, variant un peu de ton, suivant que l'air entrait ou sortait de la poitrine.

Son gendre le regarda, puis il dit :

« I finira sans qu'on y pense, comme une chandelle. »

(...)

Le mari s'éveilla dès les premières pâleurs du jour. Son beau-père vivait encorè. Il secoua sa femme, inquiet de cette résistance de vieux.

« Dis donc, Phémie, i n'veut point finir. Qué qu'tu f'rais, té ? »

Il la savait de bon conseil.

Elle répondit :

« I n'passera point l'jour, pour sûr. N'y a point n'a craindre. Pour lors que l'maire n'opposera pas qu'on l'enterre tout de même demain, vu qu'on l'a fait pour maître Rénard le pé, qu'a trépassé juste aux semences. »

Il fut convaincu par l'évidence du raisonnement, et il partit aux champs.

Sa femme fit cuire les douillons, puis accomplit toutes les besognes de la ferme.

A midi, le vieux n'était point mort. Les gens de journée loués pour le repiquage des cossards vinrent en groupe considérer l'ancien qui tardait à s'en aller. Chacun dit son mot, puis ils repartirent dans les terres.

(...)

A six heures, quand on rentra, le père respirait encore. Son gendre, à la fin, s'effraya.

« Qué qu'tu f'rais, à c'te heure, té, Phémie ? »

Elle ne savait non plus que résoudre. On alla trouver le maire. Il promit qu'il fermerait les yeux et autoriserait l'enterrement le lendemain. L'officier de santé, qu'on alla voir, s'engagea aussi, pour obliger maître Chicot, à antidater le certificat de décès. L'homme et la femme rentrèrent tranquilles.

Ils se couchèrent et s'endormirent comme la veille, mêlant leurs souffles sonores au souffle plus faible du vieux.

Quand ils s'éveillèrent, il n'était point mort.

Alors ils furent atterrés. Ils restaient debout, au chevet du père, le considérant avec méfiance, comme s'il avait voulu leur jouer un vilain tour, les tromper, les contrarier par plaisir, et ils lui en voulaient surtout du temps qu'il leur faisait perdre.

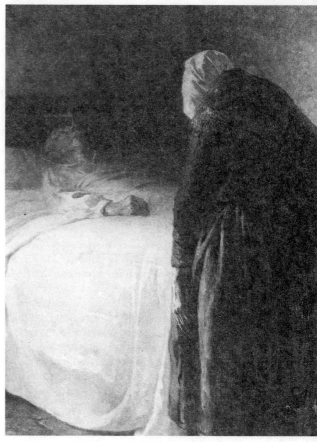

« *L'Adieu* » *par J. Hervé (salon de 1914).*

Le gendre demanda :

« Qué que j'allons faire ? »

Elle n'en savait rien, elle répondit :

« C'est-i contrariant, tout d'même ! »

On ne pouvait maintenant prévenir tous les invités, qui allaient arriver sur l'heure. On résolut de les attendre, pour leur expliquer la chose.

Vers sept heures moins dix, les premiers apparurent. Les femmes en noir, la tête couverte d'un grand voile, s'en venaient d'un air triste. Les hommes, gênés dans leurs vestes de drap, s'avançaient plus délibérément, deux par deux, en devisant des affaires.

Maître Chicot et sa femme, effarés, les reçurent en se désolant : et tous deux, tout à coup, au même moment, en abordant le premier groupe, se mirent à pleurer. Ils expliquaient l'aventure, contaient leur embarras, offraient des chaises, se remuaient, s'excusaient, voulaient prouver que tout le monde aurait fait comme eux, parlaient sans fin, devenus brusquement bavards à ne laisser personne leur répondre.

Ils allaient de l'un à l'autre :

« Je l'aurions point cru ; c'est point croyable qu'il aurait duré comme ça ! »

Les invités interdits, un peu déçus, comme des gens qui manquent une cérémonie attendue, ne savaient que faire, demeuraient assis ou debout. Quelques-uns voulurent s'en aller. Maître Chicot les retint :

« J'allons casser une croûte tout d'même. J'avions fait des douillons ; faut bien n'en profiter. »

Le Vieux, 1884.

L'Héritage

L'Héritage est une longue nouvelle sur la vie et les idéaux des petites gens. L'histoire débute avec monsieur Cachelin, employé au ministère de la Marine. Maupassant nous décrit la vie de bureau, les relations entre collègues, les brimades, l'ambition. L'écrivain connaît bien ce monde médiocre des petites gens, murés dans leur condition subalterne, motivés seulement par l'infime espoir d'une promotion. Il les connaît bien puisqu'il a lui-même travaillé au ministère de la Marine de 1872 à 1878 puis au ministère de l'Instruction publique de 1878 à 1880. Il se considère d'ailleurs durant toutes ces années comme une « victime des ministères », perdant son temps à accomplir un travail trop facile et très ennuyeux pour un maigre salaire. Sa seule échappatoire est d'écrire des contes et des nouvelles durant des heures de bureau.

Le commis d'ordre du « matériel général », M. César Cachelin, un ancien sous-officier d'infanterie de marine, devenu commis principal par la force du temps, enregistrait sur un grand livre toutes les pièces que venait d'apporter l'huissier du cabinet. En face de lui l'expéditionnaire, le père Savon, un vieil abruti célèbre dans tout le ministère par ses malheurs conjugaux, transcrivait, d'une main lente, une dépêche du chef, et s'appliquait, le corps de côté, l'œil oblique, dans une posture roide de copiste méticuleux.

M. Cachelin, un gros homme dont les cheveux blancs et courts se dressaient en brosse sur le crâne, parlait tout en accomplissant sa besogne quotidienne : « Trente-deux dépêches de Toulon. Ce port-là nous en donne autant que les quatre autres réunis. » Puis il posa au père Savon la question qu'il lui adressait tous les matins : « Eh bien, mon père Savon, comment va madame ? »

Le vieux, sans interrompre sa besogne, répondit : « Vous savez bien, monsieur Cachelin, que ce sujet m'est fort pénible. »

Et le commis d'ordre se mit à rire, comme il riait tous les jours, en entendant cette même phrase.

La porte s'ouvrit et M. Maze entra. C'était un beau garçon brun, vêtu avec une élégance exagérée, et qui se jugeait déclassé, estimant son physique et ses manières au-dessus de sa position. Il portait de grosses bagues, une grosse chaîne de montre, un monocle, par chic, car il l'enlevait pour travailler, et il avait un fréquent mouvement des poignets pour mettre bien en vue ses manchettes ornées de gros boutons luisants.

(...)

Le père Savon, l'expéditionnaire, n'avait point cessé de copier. Mais depuis quelques instants, il trempait coup sur coup sa plume dans l'encrier, puis l'essuyait obstinément sur l'éponge imbibée d'eau qui entourait le godet, sans parvenir à tracer une lettre. Le liquide noir glissait le long de la pointe de métal et tombait, en pâtés ronds, sur le papier. Le bonhomme, effaré et désolé, regardait son expédition qu'il lui faudrait recommencer, comme tant d'autres depuis quelque temps, et il dit, d'une voix basse et triste :

« Voici encore de l'encre falsifiée !... »

Un éclat de rire violent jaillit de toutes les bouches.

Cachelin secouait la table avec son ventre ; Maze se courbait en deux comme s'il allait entrer à reculons dans la cheminée ; Pitolet tapait du pied, toussait, agitait sa main droite comme si elle eût été mouillée, et Boissel lui-même étouffait, bien qu'il prît généralement les choses plutôt au tragique qu'au comique.

Mais le père Savon, essuyant enfin sa plume au pan de sa redingote, reprit : « Il n'y a pas de quoi rire. Je suis obligé de refaire deux ou trois fois tout mon travail. »

Il tira de son buvard une autre feuille, ajusta dedans son transparent et recommença l'en-tête : « Monsieur le ministre et cher collègue... » La plume maintenant gardait l'encre et traçait les lettres nettement. Et le vieux reprit sa pose oblique et continua sa copie.

Les autres n'avaient point cessé de rire. Ils s'étranglaient. C'est que depuis bientôt six mois on continuait la même farce au bonhomme, qui ne s'apercevait de rien. Elle consistait à verser quelques gouttes d'huile sur l'éponge mouillée pour décrasser les plumes. L'acier, se trouvant ainsi enduit de liquide gras, ne prenait plus l'encre ; et l'expéditionnaire passait des heures à s'étonner et à se désoler, usait des boîtes de plumes et des bouteilles d'encre, et déclarait enfin que les fournitures de bureau étaient devenues tout à fait défectueuses. Le rusé Cachelin décide un jour de faire épouser sa fille Cora par monsieur Lesable, son supérieur hiérarchique. Il invite alors celui-ci à dîner chez lui... M. Cachelin habitait dans le haut de la rue Rochechouart, au cinquième étage, un petit appartement avec terrasse, d'où l'on voyait tout Paris. Il avait trois chambres, une pour sa sœur, une pour sa fille, une pour lui ; la salle à manger servait de salon.

Pendant toute la semaine il s'agita en prévision de ce dîner. Le menu fut longuement discuté pour composer en même temps un repas bourgeois et distingué. Il fut arrêté ainsi : un consommé aux œufs, des hors-d'œuvre, crevettes et saucisson, un homard, un beau poulet, des petits pois conservés, un pâté de foie gras, une salade, une glace, et du dessert.

Le foie gras fut acheté chez le charcutier voisin, avec recommandation de le fournir de première qualité. La terrine coûtait d'ailleurs trois francs cinquante. Quant au vin, Cachelin s'adressa au marchand de vin du coin qui lui fournissait au litre le breuvage rouge dont il se désaltérait d'ordinaire. Il ne voulut pas aller dans une grande maison, par suite de ce raisonnement : « Les petits débitants trouvent peu d'occasions de vendre leurs vins fins. De sorte qu'ils les conservent très longtemps en cave et qu'ils les ont excellents. »

Il rentra de meilleure heure le samedi pour s'assurer que tout était prêt. Sa bonne, qui vint lui ouvrir, était plus rouge qu'une tomate, car son fourneau, allumé depuis midi, par crainte de ne pas arriver à temps, lui avait rôti la figure tout le jour ; et l'émotion aussi l'agitait.

Il entra dans la salle à manger pour tout vérifier. Au milieu de la petite pièce, la table ronde faisait une grande tache blanche, sous la lumière vive de la lampe coiffée d'un abat-jour vert.

L'Héritage, 1884.

Du fantastique au réalisme

I. Le fantastique

1. Quels sont les thèmes fantastiques successivement abordés dans les deux nouvelles Le Horla et la Main d'écorché ?

2. Pourquoi peut-on dire que ces thèmes appartiennent à la tradition littéraire fantastique ? En quoi sont-ils mythiques ? En connaissez-vous les sources ?

3. Citez les titres et résumez l'intrigue de deux romans, nouvelles ou films mettant en scène un ou plusieurs fantômes.

4. Citez les titres et résumez l'intrigue de deux romans, nouvelles ou films mettant en scène un ou plusieurs morts-vivants.

5. Citez les titres et résumez l'intrigue de deux romans, nouvelles ou films mettant en scène un ou plusieurs vampires.

6. Qui a écrit Dracula ? Pourquoi ce livre est-il traditionnellement considéré comme un modèle du genre ? Sous quelle forme particulière se présente-t-il ? En quoi cette présentation se rapproche-t-elle de celle du Horla ? Pourquoi est-elle plus vivante qu'un texte linéaire classique ?

7. Qui a écrit Frankenstein ? A quelle époque ? Que raconte cette histoire ? Qui a interprété le rôle de Frankenstein au cinéma ?

8. Connaissez-vous de grands écrivains de littérature fantastique ? Lesquels ? Citez les titres des livres que vous avez déjà lus.

9. Quelles différences y a-t-il entre le fantastique et la science-fiction ?

10. Citez les titres de célèbres romans de science-fiction.

II. Le réalisme

1. Qu'est-ce que le réalisme ?

2. A quelle époque cette théorie est-elle apparue ?

3. Qui en a été à l'origine ? Établissez le lien entre Maupassant, le groupe des Soirées de Médan et le réalisme.

4. Qu'est-ce que le naturalisme ? Comment cette théorie se distingue-t-elle par rapport au réalisme ? Qui en est le concepteur principal ? Dans quel ouvrage a-t-il exposé ses idées ?

5. Citez cinq romans de Zola. Quel est le titre complet de l'œuvre des Rougon-Macquart ? Qu'en déduisez-vous ?

6. Citez trois autres écrivains naturalistes.

7. Maupassant vouait une admiration sans bornes à Tourgueniev. Qui était cet écrivain ?

8. La peinture du XIXᵉ siècle a-t-elle suivi l'évolution de la littérature ? Consultez une encyclopédie ou un livre d'histoire de l'art et résumez les diverses tendances de cette époque.

9. Si vous deviez adapter pour le cinéma ou la télévision l'une des nouvelles de ce recueil, laquelle choisiriez-vous ? Où tourneriez-vous ? Quels acteurs correspondraient aux rôles ? Auriez-vous des idées de mise en scène particulières ?

10. Composez votre affiche de film en la dessinant ou en découpant des photos dans des magazines.

Le fantastique, un genre littéraire qui se prête souvent bien aux adaptations cinématographiques spectaculaires. Affiche de cinéma (1958).

Pour mieux comprendre

Maupassant et son œuvre

Œuvres complètes
Edition complète établie par Louis Forestier, « Bibliothèque de la Pléiade », Gallimard, trois tomes.
Tome I : Contes et Nouvelles, 1974.
Tome II : Contes et Nouvelles, 1979.
Tome III : Romans, 1987.

Études biographiques
Maupassant le Bel-Ami, Armand Lanoux - Grasset, 1979.
Guy de Maupassant, René Dumesnil - Tallandier, 1947.
Maupassant, Albert-Marie Schmidt-Ecrivains de toujours, Seuil, 1972.
Album Maupassant, Bibliothèque de la Pléiade, 1988. On peut également citer les très intéressants Souvenirs intimes sur Guy de Maupassant et Nouveaux souvenirs intimes sur Guy de Maupassant réunis par François Tassart, son domestique. Ces souvenirs sont publiés aux Editions Nizet (1962 et 1963) et annotés par Pierre Cogny.

Etudes critiques
La Vie et l'Œuvre de Maupassant, Édouard Maynial - Mercure de France, 1906.
Maupassant et l'art du roman, André Vial - Nizet, 1954.
Sur Maupassant, précédé de L'Art de la fiction, Henry James - Editions Complexe, 1987.
Maupassant peintre de son temps, Pierre Cogny - Larousse.
Structure romanesque et vision sociale chez Guy de Maupassant, Charles Castella - L'Âge d'homme, 1972.
Comme Maupassant, Philippe Bonnefis - Presses universitaires de Lille, 1981.

N° de projet : 10135646 - Août 2006
Imprimé en France par
Mame Imprimeurs à Tours (n° 06062349)